손으로 쓰면서 마음에 새기는 인생 교과서

明心寶鑑

명심보감 따라쓰기

범입본 원저
시사정보연구원 편저

시사패스
SISAPASS.COM

손으로 쓰면서 마음에 새기는 인생 교과서
明心寶鑑 명심보감 따라쓰기

2쇄 발행   2024년 6월 25일

원저자   범입본
편저자   시사정보연구원
발행인   권윤삼
발행처   도서출판 산수야

등록번호   제1-1515호
주소   서울시 마포구 월드컵로 165-4
우편번호   03962
전화   02-332-9655
팩스   02-335-0674

ISBN 978-89-8097-392-7   13190

값은 뒤표지에 있습니다. 잘못된 책은 바꾸어 드립니다.

이 책의 모든 법적 권리는 도서출판 산수야에 있습니다.
저작권법에 의해 보호받는 저작물이므로
본사의 허락 없이 무단 전재, 복제, 전자출판 등을 금합니다.

머리말 ★

가치 있는 삶과 인간다운 삶을 영위하는 바탕이 되는 최고의 고전, 『명심보감』을 손으로 쓰면서 마음에 새기자

'마음을 밝히는 보배로운 거울'이라는 뜻의 명심보감(明心寶鑑)은 우리의 기본적인 인간관계 안에서 가치 있는 삶과 인간다운 삶을 영위하는 바탕이 되는 최고의 고전으로 꼽힌다. 명심보감은 중국의 수많은 경전과 사서, 제자백가, 문집 등에서 주옥같은 짧은 글을 가려 뽑아 만들었기 때문에 개인의 수양과 명상, 의미 있는 삶, 가치 있는 삶을 위한 금언들로 가득하다.

사람은 누구나 태어나면서 부모와 자식, 형과 아우의 관계에서부터 친구와 친구, 스승과 제자, 윗사람과 아랫사람, 남편과 아내 등의 수많은 관계를 맺게 된다. 우리가 맺는 수많은 관계들이 요즘 들어 우리를 가장 힘들게 하는 요인으로 지적되고 있다. 명심보감에는 우리가 익히 들어 알고 있는 평범한 듯 보이는 진리들이 가득하다. 이는 옛 선현들이 자신의 삶 속에서 거듭 확인한 지혜들이기 때문에 지금껏 마음의 여유를 잊고 치열하게 살아온 자신의 삶을 한번쯤 되돌아보는 기회로 삼기에 충분하다.

오늘날 최고의 인성교육 지침서로 평가받고 있는 『명심보감』은 대구 인흥재 사본이 발견되면서 고려 말 충렬왕 때의 학자인 추적이 엮었다고 전해지고 있었다. 하지만 청주본이 발견되면서 1393년 중국 명나라 때의 학자인 범입본이 엮었다는 것이 알려졌다. 처음에는 19편으로 전해졌으나 후대에 이르러 5편이 더해져서 총 24편으로 널리 유포되었다.

선행을 권장하는 「계선」(繼善)편, 하늘의 섭리를 밝히는 「천명」(天命)편, 그러한 하늘의 섭리에 따르도록 권하는 「순명」(順命)편, 효를 실천하도록 하는 「효행」(孝行)편, 자기를 바르게 하라는 「정기」(正己)편, 자기 분수를 지켜야 편안하다는 「안분」(安分)편, 마음을 보존하는 법을 담고 있는 「존심」(存心)편, 타고난 성품을 보존하기 위해서 삼가는 태도를 권하는 「계성」(戒性)편, 배움에 힘쓰도록 권하는 「근학」(勤學)편, 자식을 가르치는 법에 대한 「훈자」(訓子)편, 마음을 살펴 자기를 성찰하도록 이르는 「성심」(省心)편, 가르침의 기본을 말하는 「입교」(入敎)편, 정치를 하는 사람의 자세를 말하는 「치정」(治政)편, 집안을 다스리는 법을 말하는 「치가」(治家)편, 인간으로서 가져야 하는 윤리를 말하는 「안의」(安義)편, 예의 문제를 다루고 있는 「준례」(遵禮)편, 말조심을 이르는 「언어」(言語)편, 친구의 사귐에 대해 말하는 「교우」(交友)편, 부녀자의 행실에 대해 말하는 「부행」(婦行)편, 「증보」(增補)편, 반성을 위한 노래를 담은 「팔반가」(八反歌)편, 청렴에 대해 말하는 「염의」(廉義)편 등으로 구성되어 있는 『명심보감』과 함께 인간 본성의 회복, 가족 윤리, 자신을 위한 성찰, 학문의 길, 자식 교육법 등에 대한 해답을 찾아보자.

　이 책은 명심보감의 주옥같은 명언들을 손으로 쓰면서 마음에 새길 수 있도록 따라쓰기 교재로 만들었기 때문에 쓰면서 외우고, 악필도 교정하는 일석이조의 효과를 얻을 수 있다. 손은 우리의 뇌와 밀접하게 연결되어 있다. 우리가 손으로 글씨를 쓰면 뇌를 자극하여 뇌 발달과 뇌 건강에 도움을 준다는 연구결과가 증명하듯 손글씨는 어린이와 어른을 아울러 주목받고 있는 분야이기도 하다. 글씨는 자신을 드러내는 거울이며 향기라고 성현들이 말했듯이 정성을 들여서 자신만의 필체를 갖도록 노력하는 것도 좋을 것이다.

　따라쓰기는 학습 효율을 높이는 방법으로 각광받고 있다. 이 책은 학습 효율을 높이는 데 적합하도록 다양한 요소들을 배치하였다. 먼저 한자 원문을 읽은 후 한글 풀이를 학습하고, 한글 내용을 보면서 원문도 기억하며 학습한다. 이렇게 실천한 후 따라쓰기를 하도록 만들어 놓은 칸을 활용하여 원문과 한글을 손으로 적으면서 익힌다면 명심보감의 명언들을 수월하게 내 것으로 만들 수 있을 것이다.

차례 ★

繼善篇 계선편(선행에 대한 글) _6

天命篇 천명편(천명을 두려워하는 글) _11

順命篇 순명편(운명에 순응하는 글) _14

孝行篇 효행편(효행에 대한 글) _16

正己篇 정기편(몸을 바르게 하는 글) _19

安分篇 안분편(분수를 편안히 하는 글) _35

存心篇 존심편(마음을 보존하는 글) _37

戒性篇 계성편(성품을 경계하는 글) _46

勤學篇 근학편(배움을 부지런히 하는 글) _53

訓子篇 훈자편(아들을 가르치는 글) _57

省心篇 성심편 上(마음을 살피는 글) _61

省心篇 성심편 下(마음을 살피는 글) _84

立敎篇 입교편(가르침을 세우는 글) _103

治政篇 치정편(정사를 다스리는 글) _116

治家篇 치가편(집안을 다스리는 글) _121

安義篇 안의편(의리를 편안히 여기는 글) _124

遵禮篇 준례편(예를 따르는 글) _126

言語篇 언어편(말을 조심하는 글) _129

交友篇 교우편(벗을 사귐에 대한 글) _132

婦行篇 부행편(부녀자의 행실에 대한 글) _136

增補篇 증보편 _140

八反歌篇 팔반가편(반성을 위한 노래) _141

廉義篇 염의편(청렴에 대한 글) _150

勸學篇 권학편(배움을 권하는 글) _157

繼善篇

계선편
(선행에 대한 글)

子曰 爲善者는 天報之以福하고
자왈 위선자 천보지이복

爲不善者는 天報之以禍니라.
위불선자 천보지이화

공자가 말하였다. "착한 일을 하는 사람에게는 하늘이 복으로 갚아 주고, 착하지 않은 일을 하는 사람에게는 하늘이 재앙으로 갚는다."

漢昭烈이 將終에 勅後主*曰 勿以善小而不爲하고
한소열 장종 칙후주왈 물이선소이불위

勿以惡小而爲之하라.
물이악소이위지

한나라의 소열제가 임종하려 할 때 후주에게 경계하여 말하였다. "착한 일은 작다고 하여 하지 않으면 아니 되고 악한 일은 작다고 하여 해서는 아니 된다."

*후주(後主) : 소열제 유비의 아들 유선을 말함.

莊子曰 一日不念善이면
장자왈 일일불념선

諸惡이 皆自起니라.
제악   개자기

장자가 말하였다. "하루라도 선을 생각지 않으면 모든 악이 저절로 일어난다."

太公曰 見善如渴하고 聞惡如聾하라.
태공왈 견선여갈   문악여롱

又曰 善事란 須貪하고 惡事는 莫樂하라.
우왈 선사   수탐   악사   막락

태공이 말하였다. "착한 일을 보거든 목마른 듯이 하며, 악한 말을 듣거든 귀머거리처럼 하라." 또 말하였다. "착한 일이란 모름지기 탐내야 하며, 악한 일은 즐기지 말라."

馬援曰 終身行善이라도 善猶不足이요
마원왈 종신행선   선유부족

一日行惡이라도 惡自猶餘니라.
일일행악   악자유여

마원이 말하였다. "죽을 때까지 선을 행하여도 선은 오히려 부족하고, 단 하루 악을 행하여도 악은 저절로 남음이 있다."

司馬溫公曰 積金以遺子孫이라도
사 마 온 공 왈 적 금 이 유 자 손

未必子孫이 能盡守요
미 필 자 손 능 진 수

積書以遺子孫이라도
적 서 이 유 자 손

未必子孫이 能盡讀이니
미 필 자 손 능 진 독

不如積陰德於冥冥之中하여
불 여 적 음 덕 어 명 명 지 중

以爲子孫之計也니라.
이 위 자 손 지 계 야

사마온공이 말하였다. "돈을 모아 자손에게 남겨 준다 하여도 자손이 반드시 다 지킬 수는 없으며, 책을 모아서 자손에게 남겨 준다 하여도 자손이 반드시 다 읽는다고 볼 수 없으니 남모르는 가운데 덕을 쌓아서 자손을 위한 계획으로 삼는 것만 같지 못하다."

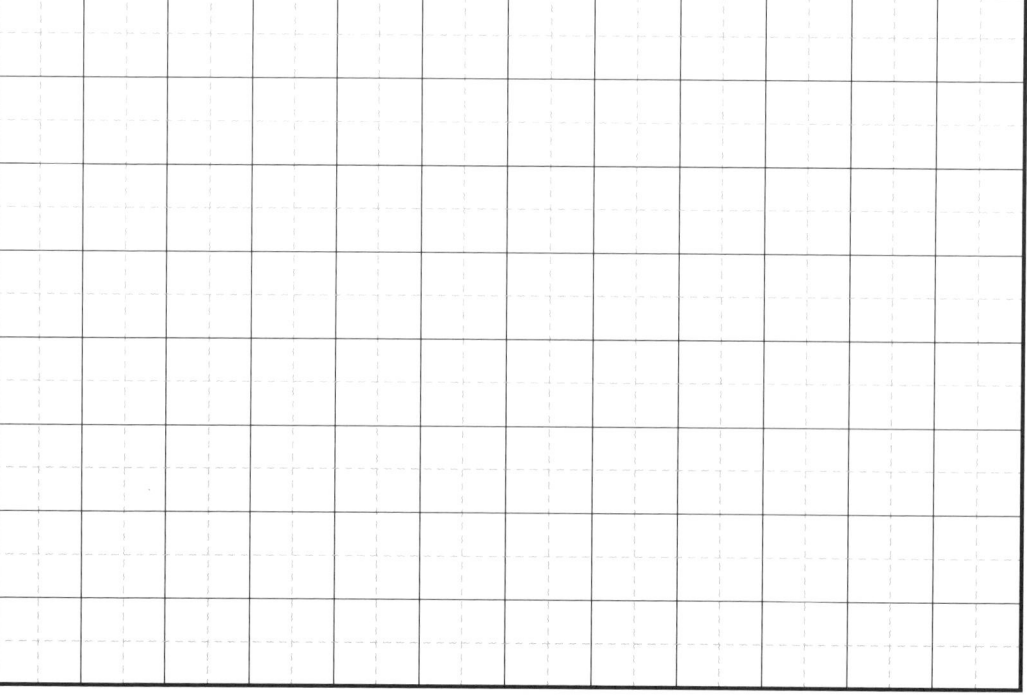

景行錄曰 恩義를 廣施하라
경행록왈 은의 광시

人生何處不相逢이라 讐怨을 莫結하라
인생하처불상봉 수원 막결

路逢狹處면 難回避니라.
노봉협처 난회피

『경행록(景行錄)』에 말하였다. "은혜와 의리를 널리 베풀어라. 사람이 어느 곳에 살든 서로 만나지 않으랴? 원수와 원한을 맺지 말라. 길이 좁은 곳에서 만나면 회피하기 어렵다."

莊子曰 於我善者도 我亦善之하고
장자왈 어아선자 아역선지

於我惡者도 我亦善之니라
어아악자 아역선지

我旣於人에 無惡이면 人能於我에 無惡哉인저.
아기어인 무악 인능어아 무악재

장자가 말하였다. "나에게 착하게 하는 자에게 나 또한 착하게 하고, 나에게 악하게 하는 자에게 나 또한 착하게 할 것이다. 내가 이미 다른 사람에게 악하게 하지 않았으면, 다른 사람도 나에게 악하게 함이 없을 것이다."

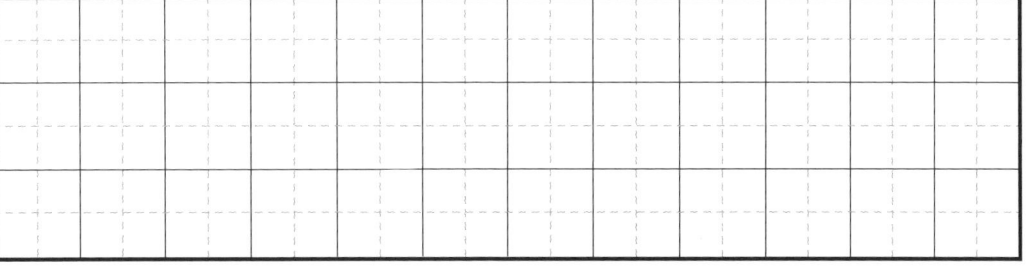

東嶽聖帝垂訓曰 一日行善이면
福雖未至나 禍自遠矣요
一日行惡이면 禍雖未至나
福自遠矣니 行善之人은 如春園之草하여
不見其長이라도 日有所增하고
行惡之人은 如磨刀之石하여
不見其損이라도 日有所虧니라.

동악성제가 훈계를 내려 말하였다. "하루 동안 선한 일을 행하면 복은 비록 이르지 아니하나 재앙은 저절로 멀어질 것이요, 하루 동안 악한 일을 행하면 재앙은 비록 이르지 아니하나 복은 저절로 멀어질 것이다. 선한 일을 행하는 사람은 봄 동산의 풀과 같아서 자라는 것이 보이지 않으나 나날이 더해지는 것이 있고, 악을 행하는 사람은 칼을 가는 숫돌과 같아서 닳아 없어지는 것이 보이지 않더라도 나날이 닳아 없어지는 것과 같다."

子曰 見善如不及하고
자왈 견선여불급
見不善如探湯하라.
견불선여탐탕

공자가 말하였다. "선함을 보거든 미치지 못할 것과 같이 하고, 선하지 않음을 보거든 끓는 물을 만지는 것과 같이 하라."

天命篇

천명편
(천명을 두려워하는 글)

孟子曰 順天者는 存하고 逆天者는 亡이니라.
맹자왈 순천자 존 역천자 망

맹자가 말하였다. "하늘을 따르는 자는 살고, 하늘을 거역하는 자는 망한다."

邵康節先生曰 天聽이 寂無音하니
소강절선생왈 천청 적무음

蒼蒼何處尋고 非高亦非遠이라
창창하처심 비고역비원

都只在人心이니라.
도 지 재 인 심

소강절 선생이 말하였다. "하늘의 들음은 고요하여 소리가 없고 푸르고 푸른데 어느 곳에서 찾을 것인가. 높지도 않고 또한 멀지도 않다. 모두가 다만 사람의 마음속에 있을 뿐이다."

玄帝垂訓曰 人間私語라도
현제수훈왈 인간사어

天聽은 若雷하고
천청 약뢰

暗室欺心이라도 神目은 如電이니라.
암실기심 신목 여전

현제가 가르침을 내려 말하였다. "인간의 사사로운 말도 하늘이 듣는 것은 우레와 같고 어두운 방 안에서 마음을 속일지라도 신의 눈이 보는 것은 번개와 같다."

益智書云 惡鑵이 若滿이면
익지서운 악관 약만
天必誅之니라.
천필주지

『익지서』에 말하였다. "악의 그릇이 가득 차면, 하늘이 반드시 그를 죽인다."

莊子曰 若人이 作不善하여 得顯名者는
장자왈 약인 작불선   득현명자
人雖不害나 天必戮之니라.
인수불해 천필육지

장자가 말하였다. "만일 사람이 착하지 못한 일을 하여 이름을 떨친다면 다른 사람이 비록 해치지 않더라도 하늘이 반드시 그를 죽일 것이다."

種瓜得瓜요 種豆得豆니
종과득과 종두득두
天網이 恢恢하여 疏而不漏니라.
천망 회회   소이불루

오이를 심으면 오이를 얻고, 콩을 심으면 콩을 얻는다. 하늘의 그물은 넓고 넓어서 성기지만 새지는 않는다.

順命篇

순명편
(운명에 순응하는 글)

子曰 獲罪於天이면 無所禱也니라.
자왈 획죄어천 무소도야

공자가 말하였다. "하늘에 죄를 얻으면 빌 곳이 없다."

子夏曰 死生有命이요 富貴在天이니라.
자하왈 사생유명 부귀재천

자하가 말하였다. "죽고 사는 것은 운명이 있고, 부귀는 하늘에 달려 있다."

萬事分已定이어늘 浮生空自忙이니라.
만사분이정 부생공자망

모든 일은 분수가 이미 정해져 있는데, 덧없는 인생은 부질없이 저 혼자 바쁘구나.

景行錄云 禍不可倖免이요 福不可再求니라.
경행록운 화불가행면 복불가재구

『경행록』에 말하였다. "재앙은 요행으로는 면하지 못하고, 복은 두 번 다시 구하지 못한다."

時來風送滕王閣이요 運退雷轟薦福碑라.
시래풍송등왕각 운퇴뢰굉천복비

때가 이르니 바람이 (왕발을) 등왕각으로 불어 보내고, 운이 물러가니 벼락이 천복비에 떨어졌다.

列子曰 癡聾痦啞도 家豪富요
열자왈 치롱음아 가호부

智慧聰明도 却受貧이라
지혜총명 각수빈

年月日時 該載定하니 算來由命不由人이니라.
연월일시 해재정 산래유명불유인

열자가 말하였다. "어리석고 귀먹고 벙어리라도 집은 호화롭고 부자일 수 있고, 지혜롭고 총명한 사람도 오히려 가난해질 수 있다. 운수는 해와 달과 날과 시가 모두 정해져 있으니, 따져보면 부귀는 운명으로부터 나오는 것이지 사람으로부터 나오는 것이 아니다."

孝行篇

효행편
(효행에 대한 글)

詩曰 父兮生我하시고 母兮鞠我하시니
시왈 부혜생아   모혜국아

哀哀父母여 生我劬勞로시다
애애부모   생아구로

欲報深恩인대 昊天罔極이로다.
욕보심은   호천망극

『시경(詩經)』에 말하였다 "아버지 나를 낳으시고 어머니 나를 기르시니, 아아 애달프다 부모님이시어 나를 낳아 기르시느라 애쓰고 수고하셨네. 그 은혜를 갚고자 하나 넓은 하늘처럼 끝이 없구나."

子曰 孝子之事親也는 居則致其敬하고
자왈 효자지사친야   거즉치기경

養則致其樂하고 病則致其憂하고
양즉치기락   병즉치기우

喪則致其哀하고 祭則致其嚴이니라.
상즉치기애   제즉치기엄

공자가 말하였다. "효자가 어버이를 섬길 때 기거함에 그 공경을 다하고, 봉양함에는 그 즐거움을 다하며, 병이 드시면 근심을 다하고, 돌아가시면 슬픔을 다하며, 제사 지낼 때에는 엄숙함을 다한다."

子曰 父母在어시든
자왈 부모재

不遠遊하며 遊必有方이니라.
불원유   유필유방

공자가 말하였다. "부모가 살아 계시면 멀리 가서 놀지 않으며, 놀러 가면 반드시 일정한 곳이 있어야 한다."

子曰 父命召어시든 唯而不諾하고
자왈 부명소   유이불락
食在口則吐之니라.
식재구즉토지

공자가 말하였다. "아버지가 명하여 부르시면 즉시 대답하며 머뭇거리지 말고 음식이 입에 있거든 그것을 뱉어내야 할 것이다."

太公曰 孝於親이면 子亦孝之하나니
태공왈 효어친   자역효지
身旣不孝면 子何孝焉이리오.
신기불효   자하효언

태공이 말하였다. "어버이에게 효도하면 내 자식 또한 나에게 효도할 것이니, 자신이 이미 효도하지 않았다면 자식이 어찌 효도하겠는가?"

孝順은 還生孝順子요
효순 환생효순자
忤逆은 還生忤逆子하나니
오역 환생오역자
不信커든 但看簷頭水하라
불신 단간첨두수
點點滴滴不差移니라.
점점적적불차이

효도하고 순종한 사람은 또한 효도하고 순종하는 자식을 낳으며, 거스르고 패역한 사람은 또한 거스르고 패역하는 아들을 낳는다. 믿지 못하겠거든 저 처마 끝의 낙수를 보라. 방울방울 떨어짐이 어긋남이 없다.

正己篇

정기편
(몸을 바르게 하는 글)

性理書云 見人之善이어든 而尋己之善하고
견인지선   이심기지선
見人之惡이어든 而尋己之惡이니
견인지악   이심기지악
如此라야 方是有益이니라.
여차   방시유익

『성리서』에 말하였다. "다른 사람의 착한 점을 보거든 나의 착한 것을 찾아보고, 다른 사람의 악한 것을 보거든 나의 악한 점을 찾을 것이니, 이와 같이 하면 비로소 이로운 점이 있다."

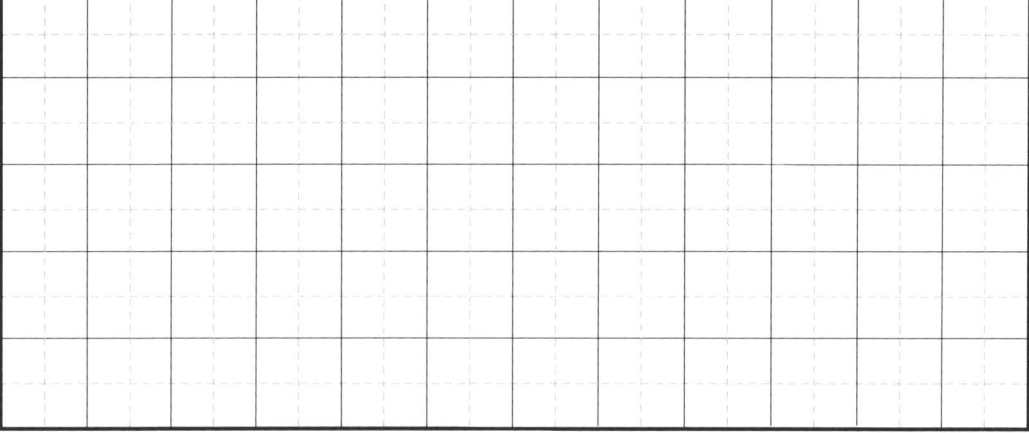

景行錄云 大丈夫當容人이언정
경행록운 대장부당용인
無爲人所容이니라.
무위인소용

『경행록』에 말하였다. "대장부는 마땅히 남을 용서할지언정, 남에게 용서를 받는 사람이 되지 말아야 한다."

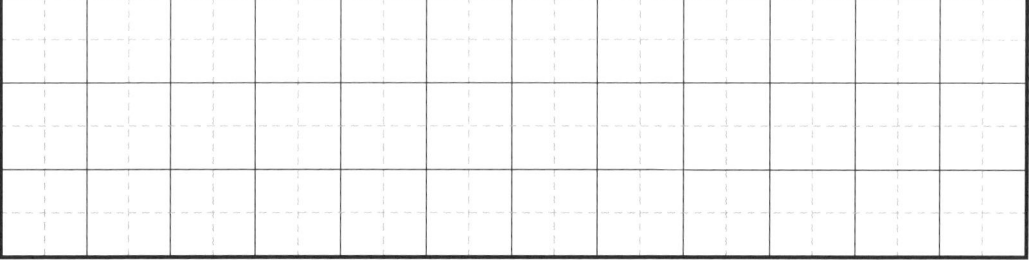

太公曰 勿以貴己而賤人하고
태공왈 물이귀기이천인
勿以自大而蔑小하고 勿以恃勇而輕敵이니라.
물이자대이멸소   물이시용이경적

태공이 말하였다. "자신을 귀히 여김으로써 다른 사람을 천하게 여기지 말고, 자기를 크게 여겨 다른 사람을 업신여기지 말며, 용맹을 믿고서 적을 가볍게 여기지 말라."

馬援曰 聞人之過失이어든
마원왈 문인지과실
如聞父母之名하여
여문부모지명
耳可得聞이언정 口不可言也니라.
이가득문   구불가언야

마원이 말하였다. "다른 사람의 허물과 실수를 듣거든 부모의 이름을 듣는 것과 같이 하여 귀로 들을지언정 입으로는 말하지 말 것이니라."

邵康節先生曰 聞人之謗이라도 未嘗怒하며
소강절선생왈 문인지방 미상노

聞人之譽라도 未嘗喜하며 聞人之惡이라도 未嘗和하며
문인지예 미상희 문인지악 미상화

聞人之善이면 則就而和之하고 又從而喜之니라.
문인지선 즉취이화지 우종이희지

其詩曰 樂見善人하며 樂聞善事하며
기시왈 낙견선인 낙문선사

樂道善言하며 樂行善意하고 聞人之惡이어든
낙도선언 낙행선의 문인지악

如負芒刺하고 聞人之善이어든 如佩蘭蕙니라.
여부망자 문인지선 여패난혜

소강절 선생이 말하였다. "다른 사람의 비방을 들어도 성내는 일이 없도록 하며, 다른 사람의 칭찬을 들어도 기뻐하는 일이 없도록 하라. 다른 사람의 좋지 못한 소문을 듣더라도 이에 동조하는 일이 없도록 하며, 다른 사람의 착한 것을 듣거든 곧 나아가 어울리고 또 그를 좇아 기뻐하라. 그러므로 시에 이렇게 썼다. '선한 사람 보기를 즐겨 하며, 선한 일 듣기를 즐겨 하며, 선한 말하기를 즐겨 하며, 선한 뜻 행하기를 즐겨 하며, 남의 악한 점을 듣거든 가시를 등에 진 것 같이 여기고, 남의 선한 점을 듣거든 난초를 몸에 지닌 것 같이 여겨라.'"

道吾善者는 是吾賊이요
도 오 선 자   시 오 적
道吾惡者는 是吾師니라.
도 오 악 자   시 오 사

나의 선한 점을 말하여 주는 사람은 곧 나를 해치는 사람이요, 나의 나쁜 점을 말하여 주는 사람은 곧 나의 스승이다.

太公曰 勤爲無價之寶요
태 공 왈 근 위 무 가 지 보
愼是護身之符니라.
신 시 호 신 지 부

태공이 말하였다. "부지런함은 값을 매길 수 없는 보배가 될 것이요, 신중함은 몸을 보호하는 신표이다."

景行錄曰 保生者는 寡慾하고 保身者는
경 행 록 왈 보 생 자   과 욕   보 신 자
避名이니 無慾은 易나 無名은 難이니라.
피 명   무 욕   이   무 명   난

『경행록』에 말하였다. "삶을 보전하려는 자는 욕심을 적게 하고 몸을 보전하려는 자는 명예를 피할 것이니, 욕심을 없애기는 쉬우나 명예를 바라지 않기는 어렵다."

23

子曰 君子有三戒하니
자왈 군자유삼계

少之時엔 血氣未定이라
소지시 혈기미정

戒之在色하고 及其長也하여는 血氣方剛이라
계지재색 급기장야 혈기방강

戒之在鬪하고 及其老也하여는 血氣旣衰라
계지재투 급기노야 혈기기쇠

戒之在得이니라.
계지재득

공자가 말하였다. "군자에게는 세 가지 경계해야 하는 것이 있으니 젊어서는 혈기가 안정되지 않았으므로 여색에 빠지는 것을 경계해야 하고, 장성하여서는 혈기가 막 왕성해지므로 싸움에 빠지는 것을 경계해야 하며, 늙어서는 혈기가 이미 쇠해졌으므로 탐욕에 빠지는 것을 경계해야 한다."

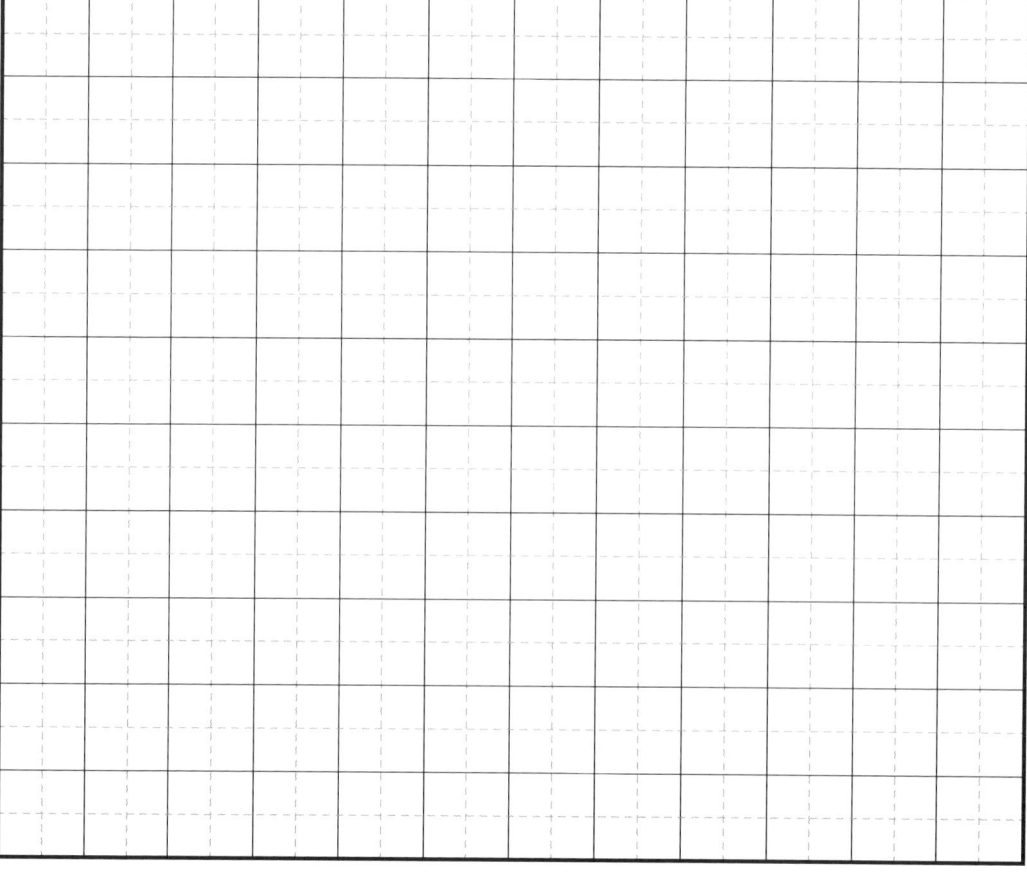

孫眞人養生銘云 怒甚偏傷氣요
손 진 인 양 생 명 운 노 심 편 상 기

思多太損神이라
사 다 태 손 신

神疲心易役이요 氣弱病相因이라
신 피 심 이 역 기 약 병 상 인

勿使悲歡極하고 當令飮食均하며
물 사 비 환 극 당 령 음 식 균

再三防夜醉하고 第一戒晨嗔하라.
재 삼 방 야 취 제 일 계 신 진

손진인의 『양생명』에 말하였다. "성냄이 심하면 기운을 상하게 하고, 생각이 너무 많으면 정신을 손상시킨다. 정신이 피로하면 마음이 수고로워지기 쉽고, 기운이 약하면 병이 서로 일어난다. 슬퍼하고 기뻐하는 것을 지나치게 하지 말 것이며, 마땅히 음식을 고르게 먹으며, 거듭 밤에 술 취하는 것을 막고, 새벽에 화내는 것을 제일 경계하라."

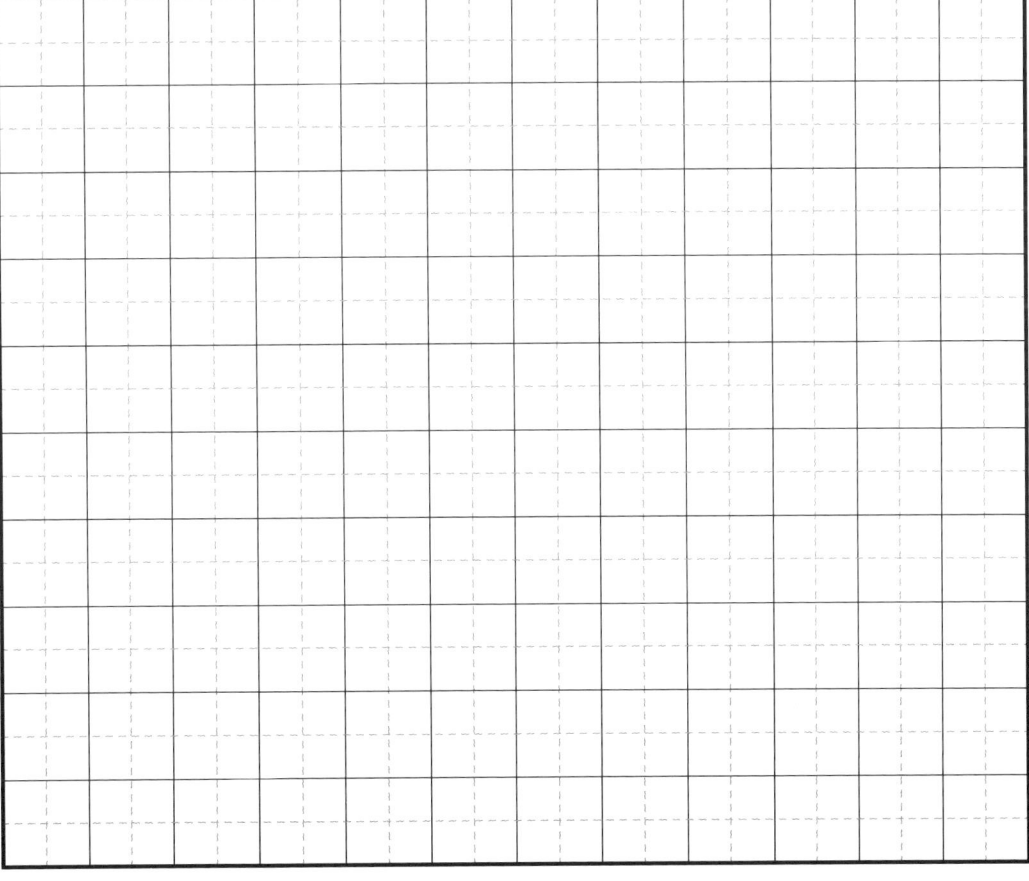

景行錄曰 食淡精神爽이요
경행록왈 식담정신상

心淸夢寐安이니라.
심청몽매안

『경행록』에 말하였다. "음식이 담박하면 정신이 상쾌할 것이요, 마음이 맑으면 꿈꾸는 잠자리가 편안하다."

定心應物하면 **雖不讀書**라도
정심응물 수불독서

可以爲有德君子니라.
가이위유덕군자

마음가짐을 안정시켜 사물에 접하게 되면, 비록 글을 읽지 않았더라도 덕 있는 군자라 할 수 있다.

近思錄云 懲忿을 **如救火**하고
근사록운 징분 여구화

窒慾을 **如防水**하라.
질욕 여방수

『근사록』에 말하였다. "분한 마음을 징계하기를 불을 끄듯이 하고, 욕심 막기를 물을 막듯이 하라."

夷堅志云 避色을 如避讐하고
이견지운 피색 여피수

避風을 如避箭하며
피풍 여피전

莫喫空心茶하고 少食中夜飯하라.
막끽공심다 소식중야반

『이견지』에 말하였다. "여색 피하기를 원수 피하듯이 하고, 바람 피하기를 화살 피하는 것 같이 하며, 빈속에 차를 마시지 말고, 밤중에 밥을 적게 먹어라."

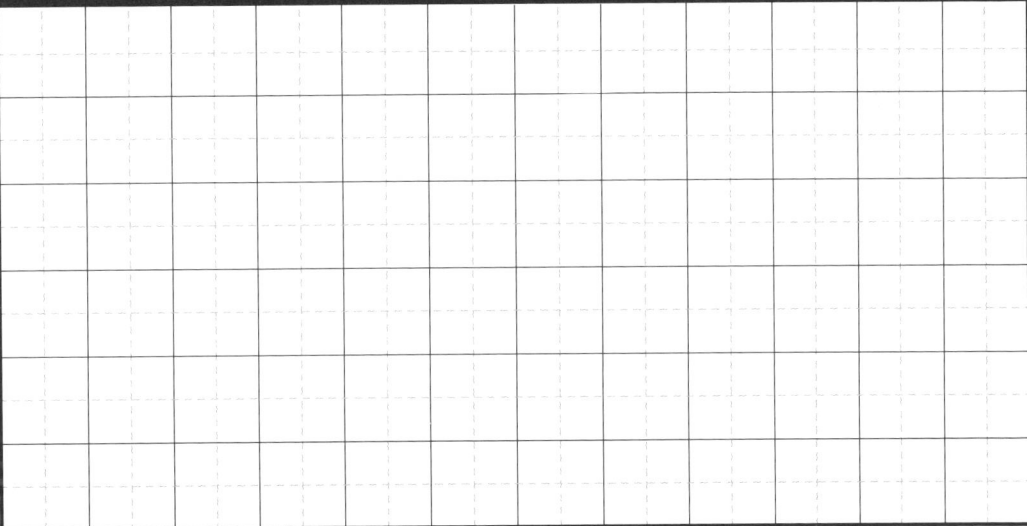

荀子曰 無用之辯과 不急之察을
순자왈 무용지변 불급지찰

棄而勿治하라.
기이물치

순자가 말하였다. "쓸데없는 변론이나 급하지 않은 일은 버려 두어 다스리지 말라."

子曰 衆이 好之라도 必察焉하며
衆이 惡之라도 必察焉이니라.

공자가 말하였다. "여러 사람이 좋아하더라도 반드시 살펴야 하며, 여러 사람이 미워하더라도 반드시 살펴야 한다."

酒中不語는 眞君子요
財上分明은 大丈夫니라.

술 취한 가운데 말이 없음은 참다운 군자요, 재물에 대하여 분명함은 대장부이다.

萬事從寬이면 其福自厚니라.

모든 일에 너그러움을 좇으면 그 복이 저절로 두터워진다.

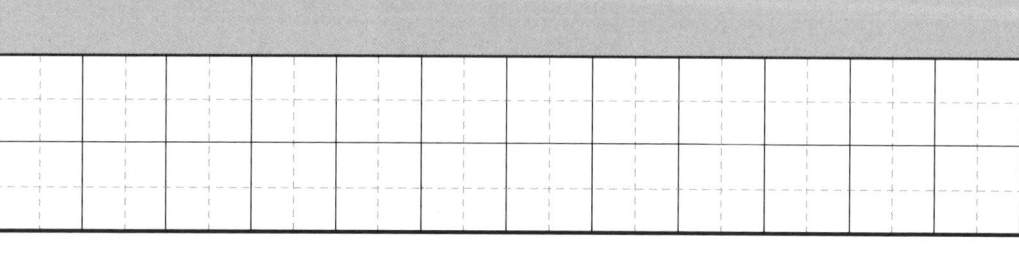

太公曰 欲量他人인대 先須自量하라
태공왈 욕량타인   선수자량

傷人之語는 還是自傷이니
상인지어   환시자상

含血噴人이면 先汚其口니라.
함혈분인   선오기구

태공이 말하였다. "다른 사람을 헤아리고자 한다면 먼저 스스로를 반드시 헤아려라. 다른 사람을 해치는 말은 도리어 스스로를 해치는 것이니, 피를 머금어 다른 사람에게 뿜으려 하면 먼저 자기의 입이 더러워진다."

凡戱는 無益이요 惟勤이 有功이니라.
범희   무익   유근   유공

모든 유희는 이로움이 없고, 오직 근면만이 공이 있다.

太公曰 瓜田에 不納履하고 李下에 不整冠이니라.
태공왈 과전   불납리   이하   부정관

태공이 말하였다. "(다른 사람의) 오이 밭에서 짚신을 고쳐 신지 않고, (다른 사람의) 오얏나무 아래에서는 갓을 바르게 하지 않는다."

景行錄曰 心可逸이언정 形不可不勞요
경행록왈 심가일 형불가불로

道可樂이언정 身不可不憂니
도가락 신불가불우

形不勞則怠惰易弊하고
형불로즉태타이폐

身不憂則荒淫不定이라
신불우즉황음부정

故로 逸生於勞而常休하고
고 일생어로이상휴

樂生於憂而無厭하나니
낙생어우이무염

逸樂者는 憂勞를 其可忘乎아.
일락자 우로 기가망호

『경행록』에 말하였다. "마음은 편안할 수 있을지언정 육체는 수고롭지 않아서는 안 될 것이요, 도는 즐길 수 있을지언정 몸가짐은 걱정하지 않을 수 없다. 육체가 수고롭지 않으면 게을러서 쉽게 망가지고, 몸가짐에 걱정이 없으면 방종이 지나쳐 안정하지 못한다. 그러므로 편안함은 수고로움에서 생겨 항상 기쁘고 즐거움은 근심에서 생겨 싫증이 없나니, 편안하고 즐거워하는 사람은 근심과 수고로움을 어찌 잊을 수 있겠는가?"

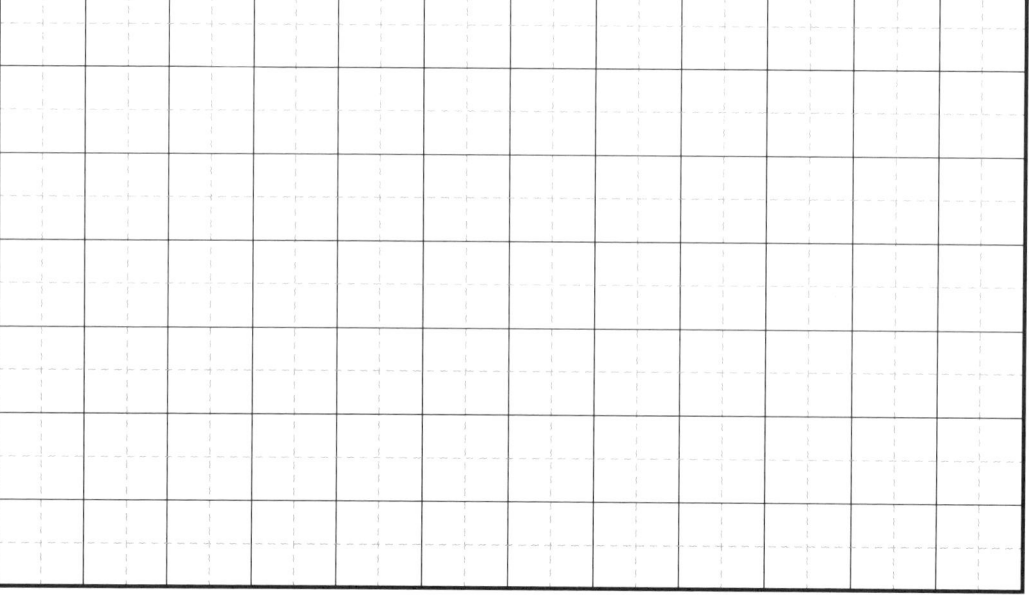

耳不聞人之非하고 目不視人之短하고
이불문인지비   목불시인지단
口不言人之過라야 庶幾君子니라.
구불언인지과   서기군자

귀로는 다른 사람의 나쁜 것을 듣지 말고, 눈으로는 다른 사람의 단점을 보지 말고, 입으로는 다른 사람의 허물을 말하지 않아야 군자에 가깝다.

蔡伯喈曰 喜怒는 在心하고
채백개왈 희로 재심
言出於口하나니 不可不愼이니라.
언출어구   불가불신

채백개가 말하였다. "기뻐하고 노여워하는 것은 마음속에 있고, 말은 입 밖으로 나가는 것이니 삼가지 않으면 안 된다."

宰予 晝寢이어늘 子曰 朽木은 不可雕也요
재여 주침   자왈 후목   불가조야
糞土之墻은 不可圬也니라.
분토지장   불가오야

재여가 낮잠을 자거늘, 공자가 말하였다. "썩은 나무는 조각할 수 없고, 썩은 흙으로 만든 담은 흙손질을 못한다."

紫虛元君誠諭心文*曰
자허원군성유심문 왈

福生於淸儉하고 德生於卑退하고
복생어청검　　　덕생어비퇴

道生於安靜하고 命生於和暢하고
도생어안정　　　명생어화창

患生於多慾하고 禍生於多貪하고
환생어다욕　　　화생어다탐

過生於輕慢하고 罪生於不仁이니라.
과생어경만　　　죄생어불인

戒眼하여 莫看他非하고 戒口하여 莫談他短하고
계안　　　막간타비　　　계구　　　막담타단

戒心하여 莫自貪嗔하고 戒身하여 莫隨惡伴하며
계심　　　막자탐진　　　계신　　　막수악반

無益之言을 莫妄說하고
무익지언　　막망설

不干己事를 莫妄爲하며
불간기사　　막망위

尊君王孝父母하고 敬尊長奉有德하고
존군왕효부모　　　경존장봉유덕

別賢愚恕無識하며 物順來而勿拒하고
별현우서무식　　　물순래이물거

物旣去而勿追하며 身未遇而勿望하고
물기거이물추　　　신미우이물망

事已過而勿思하라.
사이과이물사

聰明도 多暗昧요 算計도 失便宜니라.
총명　　다암매　　산계　　실편의

損人終自失이요 依勢禍相隨라
손인종자실　　　의세화상수

戒之在心하고 守之在氣라
계지재심　　　수지재기

*誠諭心文 성유심문 : 마음을 진실되게 깨우치는 글.

爲不節而亡家하고 因不廉而失位니라.
위불절이망가　　　인불염이실위

勸君自警於平生하노니 可歎可驚而可思니라.
권군자경어평생　　　가탄가경이가사

上臨之以天鑑하고 下察之以地祇라
상림지이천감　　　하찰지이지기

明有三法相繼하고 暗有鬼神相隨라
명유삼법상계　　　암유귀신상수

惟正可守요 心不可欺니 戒之戒之하라.
유정가수　심불가기　계지계지

자허원군의 『성유심문』에 말하였다.
"복은 청렴과 검소함에서 생기고, 덕은 (자기를) 낮추고 물러서는 데서 생기며, 도는 안정에서 생기고, 생명은 조화롭고 화락함에서 생긴다. 근심은 욕심이 많음에서 생기고, 재앙은 탐욕이 많은 데서 생기며, 허물은 경솔하고 교만한 데서 생기고, 죄악은 어질지 못한 데서 생긴다. 눈을 경계하여 다른 사람의 그릇됨을 보지 말고, 입을 경계하여 다른 사람의 단점을 말하지 말고, 마음을 경계하여 스스로 탐내고 성내지 말고, 몸을 경계하여 나쁜 벗을 따르지 말며, 유익하지 않은 말은 함부로 하지 말고, 나와 관련 없는 일은 함부로 하지 말라. 임금을 높이고 부모에게 효도하며, 어른을 존경하고 덕이 있는 사람을 받들며, 어진 사람과 어리석은 사람을 분별하고 배움이 없는 사람을 용서하라. 일이 순리로 오거든 물리치지 말고, 일이 이미 지나갔거든 뒤쫓지 말며, 몸이 아직 (때를) 만나지 않았거든 원망하지 말고, 일이 이미 지나갔거든 생각하지 말라. 총명한 사람도 어두운 때가 많고, 잘 세운 계획도 편의를 잃는 수가 있다. 다른 사람을 손상하면 마침내 자기도 손실을 입을 것이요, 세력에 의존하면 재앙이 서로 따른다. 경계할 것은 마음에 있고, 지킬 것은 의기에 있다. 절약하지 않음으로써 집안을 망치고 청렴하지 않음으로써 지위를 잃는다. 그대에게 평생을 두고 스스로 경계할 것을 권고하노니, 탄식할 만하고 놀랄 만하고 두려워할 만하다. 위로는 하늘의 거울이 그대를 굽어보고, 아래로는 땅의 신령이 그대를 살피고 있다. 밝은 곳에는 왕법이 서로 이어져 있고, 어두운 곳에는 귀신이 서로 따르고 있다. 오직 바른 것을 지키고 마음을 속여서는 안 되니, 경계하고 경계하라."

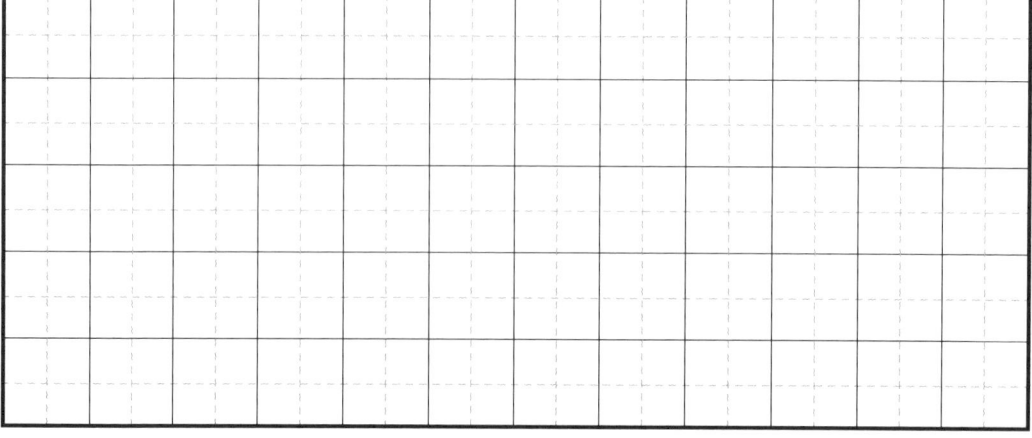

安分篇
안분편
(분수를 편안히 하는 글)

景行錄云 知足可樂이요 務貪則憂니라.
경행록운 지족가락 무탐즉우

『경행록』에 말하였다. "만족할 줄 알면 즐거울 것이요, 탐욕에 힘쓰면 근심하게 된다."

知足者는 貧賤亦樂이요 不知足者는 富貴亦憂니라.
지족자 빈천역락 부지족자 부귀역우

만족할 줄 아는 사람은 가난하고 천하여도 즐거울 것이요, 만족할 줄 모르는 사람은 돈이 많고 신분이 높아도 근심하게 된다.

濫想은 徒傷神이요 妄動은 反致禍니라.
남상 도상신 망동 반치화

분수에 넘치는 생각은 정신을 상하게 하고, 함부로 한 행동은 도리어 재앙을 부른다.

知足常足이면 終身不辱하고
지족상족   종신불욕
知止常止면 終身無恥니라.
지지상지   종신무치

만족할 줄 알아 늘 만족하면 죽을 때까지 욕되지 아니하고, 그칠 줄을 알아 늘 그치면 죽을 때까지 부끄러움이 없을 것이다.

書曰 滿招損하고 謙受益이니라.
서왈 만초손   겸수익

『서경』에 말하였다. "자만하면 손해를 부르고 겸손하면 이익을 받게 된다."

安分吟曰 安分身無辱이요 知幾心自閑이니
안분음왈 안분신무욕   지기심자한
雖居人世上이나 却是出人間이니라.
수거인세상   각시출인간

『안분음』에 말하였다. "분수에 편안하면 몸에 욕됨이 없을 것이요, 기미를 알면 마음이 저절로 한가할 것이다. 비록 인간 세상에 살더라도 도리어 인간 세상을 벗어나는 것이다."

子曰 不在其位하여는 不謀其政이니라.
자왈 부재기위 불모기정

공자가 말하였다. "그 지위에 있지 않으면, 그 정무를 도모하지 않는 것이다."

存心篇

존심편
(마음을 보존하는 글)

景行錄云 坐密室을 如通衢하고
경행록운 좌밀실 여통구
馭寸心을 如六馬*면 可免過니라.
어촌심 여육마 가면과

『경행록』에 말하였다. "밀실에 앉았어도 마치 네거리에 앉은 것처럼 여기고, 작은 마음을 통제하기를 마치 육마 부리듯 하면 허물을 면할 수 있다."

*六馬육마 : 여섯 필의 말이 끄는 천자의 수레.

擊壤詩云 富貴를 如將智力求인대
격양시운 부귀 여장지력구

仲尼*도 年少合封侯라
중니 연소합봉후

世人은 不解靑天意하고
세인 불해청천의

空使身心半夜愁니라.
공사신심반야수

『격양시』에 말하였다. "부귀를 지혜와 힘으로 구할 수 있다면, 중니도 젊은 나이에 제후에 봉해졌을 것이다. 세상 사람들은 푸른 하늘의 뜻을 알지 못하고, 헛되이 몸과 마음을 한밤중까지 근심하게 한다."

*仲尼중니 : 공자.

范忠宣公이 戒子弟曰 人雖至愚나
범충선공 계자제왈 인수지우

責人則明하고 雖有聰明이나 恕己則昏이니
책인즉명 수유총명 서기즉혼

爾曹는 但常以責人之心으로 責己하고
이조 단상이책인지심 책기

恕己之心으로 **恕人**이면
서기지심   서인

則不患不到聖賢地位也니라.
즉불환부도성현지위야

범충선공이 자제를 훈계하여 말하였다. "사람이 비록 어리석을지라도 다른 사람을 꾸짖는 데엔 밝고, 비록 총명함이 있다 해도 자기를 용서하는 데엔 어둡다. 너희들은 항상 남을 꾸짖는 마음으로써 자기를 꾸짖고, 자기를 용서하는 마음으로써 남을 용서한다면, 성현의 경지에 이르지 못함을 근심할 것이 없다."

子曰 聰明思睿라도 **守之以愚**하고
자왈 총명사예   수지이우

功被天下라도 **守之以讓**하고
공피천하   수지이양

勇力振世라도 **守之以怯**하고
용력진세   수지이겁

富有四海라도 **守之以謙**이니라.
부유사해   수지이겸

공자가 말하였다. "총명하고 생각이 밝더라도 우직함으로써 그것을 지키고, 공이 천하를 덮을 만하더라도 겸양으로써 그것을 지키고, 용맹이 세상에 떨칠지라도 겁냄으로써 그것을 지키고, 부유하기가 온 세상을 차지할 정도라도 겸손으로써 그것을 지켜야 한다."

素書云 薄施厚望者는 不報하고
소서운 박시후망자 불보
貴而忘賤者는 不久니라.
귀이망천자 불구

『소서』에 말하였다. "박하게 베풀고 후하게 바라는 사람에게는 보답이 없고, 몸이 귀하게 되어 천했던 때를 잊는 자는 오래가지 못한다."

施恩이어든 勿求報하고
시은 물구보
與人이어든 勿追悔하라.
여인 물추회

은혜를 베풀었다면 보답을 구하지 말고, 남에게 주었거든 후회하지 말라.

孫思邈曰 膽欲大而心欲小하고
손사막왈 담욕대이심욕소
知欲圓而行欲方이니라.
지욕원이행욕방

손사막이 말하였다. "담력은 크고자 하되 마음가짐은 섬세하고자 하고, 지혜는 원만하고자 하되 행동은 방정하고자 하라."

念念要如臨戰日하고 心心常似過橋時니라.
염념요여임전일   심심상사과교시

생각하는 것마다 싸움터에 나아가는 것처럼 임해야 하고, 마음마다 늘 다리를 건널 때와 같이 해야 한다.

懼法朝朝樂이요 欺公日日憂니라.
구법조조락   기공일일우

법을 두려워하면 아침마다 즐거울 것이요, 공적인 일을 속이면 날마다 근심한다.

朱文公曰 守口如瓶하고 防意如城하라.
주문공왈 수구여병   방의여성

주문공이 말하였다. "입 지키기를 병마개와 같이 하고, 생각 막기를 성을 지키는 것처럼 하라."

心不負人이면 面無慙色이니라.
심불부인   면무참색

마음이 남을 저버리지 않았으면 얼굴에 부끄러운 기색이 없다.

人無百歲人이나 **枉作千年計**니라.
인 무 백 세 인   왕 작 천 년 계

사람은 백 살을 사는 사람이 없건만 부질없이 천 년의 계획을 세운다.

寇萊公六悔銘云 **官行私曲失時悔**요
구 래 공 육 회 명 운   관 행 사 곡 실 시 회
富不儉用貧時悔요 **藝不少學過時悔**요
부 불 검 용 빈 시 회   예 불 소 학 과 시 회
見事不學用時悔요 **醉後狂言醒時悔**요
견 사 불 학 용 시 회   취 후 광 언 성 시 회
安不將息病時悔니라.
안 부 장 식 병 시 회

구래공의 『육회명』에 말하였다. "관원은 사사롭고 왜곡된 일을 행하면 벼슬을 잃을 때 뉘우치게 되고, 부자는 검소하지 않으면 가난해졌을 때 뉘우치고, 기예는 어렸을 때 배우지 않으면 시기가 지났을 때 뉘우치고, 일을 보고 배우지 않으면 필요할 때 뉘우치고, 술 취한 뒤에 함부로 말하면 깨었을 때 뉘우치고, 몸이 편안할 때 조심하지 않으면 병이 들었을 때 뉘우칠 것이다."

*六悔銘 육회명 : 여섯 가지 후회할 만한 일을 경계한 글.

益智書云 寧無事而家貧이언정
익 지 서 운 영 무 사 이 가 빈

莫有事而家富요
막 유 사 이 가 부

寧無事而住茅屋이언정 不有事而住金屋이요
영 무 사 이 주 모 옥　　　　불 유 사 이 주 금 옥

寧無病而食麤麤飯이언정 不有病而服良藥이니라.
영 무 병 이 식 추 반　　　　불 유 병 이 복 량 약

『익지서』에 말하였다. "차라리 아무 사고 없이 집이 가난할지언정 사고 있으면서 집이 부유하지 말 것이요, 차라리 사고 없이 초가집에서 살지언정 사고 있으면서 좋은 집에 살지 말 것이요, 차라리 병이 없이 거친 밥을 먹을지언정 병이 있어 좋은 약을 먹지 말 것이다."

心安茅屋穩이요
심 안 모 옥 온

性定菜羹香이니라.
성 정 채 갱 향

마음이 안정되면 초가집도 편안하고, 성품이 안정되면 나물국도 향기롭다.

景行錄云 責人者는 不全交요
경행록운 책인자 부전교

自恕者는 不改過니라.
자서자 불개과

『경행록』에 말하였다. "남을 꾸짖는 자는 사귐을 온전히 할 수 없고, 자기를 용서하는 사람은 허물을 고치지 못한다."

夙興夜寐하여 所思忠孝者는
숙흥야매 소사충효자

人不知나 天必知之요
인부지 천필지지

飽食煖衣하여 怡然自衛者는 身雖安이나
포식난의 이연자위자 신수안

其如子孫에 何오.
기여자손 하

아침 일찍 일어나고 밤늦게 자서 충성과 효도를 생각하는 사람들은 남이 알아주지 않더라도 하늘이 반드시 알아줄 것이요, 배부르게 먹고 따뜻하게 입어 안락하게 제 몸만 보호하는 자는 몸은 비록 편안하겠지만 그 자손들은 어떻게 할 것인가?

以愛妻子之心으로 事親이면
이애처자지심   사친

則曲盡其孝요
즉곡진기효

以保富貴之心으로 奉君이면
이보부귀지심   봉군

則無往不忠이요
즉무왕불충

以責人之心으로 責己면 則寡過요
이책인지심   책기   즉과과

以恕己之心으로 恕人이면 則全交니라.
이서기지심   서인   즉전교

아내와 자식을 사랑하는 마음으로써 어버이를 섬긴다면 그 효도가 극진할 것이요, 부귀를 보전하려는 마음으로 임금을 받든다면 어디를 간들 충성스럽지 않음이 없을 것이요, 다른 사람을 책망하는 마음으로 자기를 책망하면 허물이 적을 것이요, 자기를 용서하는 마음으로 다른 사람을 용서한다면 사귐을 온전히 할 수 있다.

爾謀不臧이면 悔之何及이며
이 모 부 장　　　회 지 하 급

爾見不長이면 敎之何益이리오.
이 견 부 장　　　교 지 하 익

利心專則背道요 私意確則滅公이니라.
이 심 전 즉 배 도　　사 의 확 즉 멸 공

네가 도모한 것이 옳지 못하면 후회한들 어떻게 되돌릴 것이며, 너의 견해가 바르지 못하면 가르친들 무엇이 이롭겠는가. 자기 이익만 생각하면 도리에 위배될 것이고, 사사로운 뜻이 굳으면 공적인 일을 망치게 된다.

生事事生이요 省事事省이니라.
생 사 사 생　　　성 사 사 성

일을 만들면 일이 생기고, 일을 덜면 일이 줄어든다.

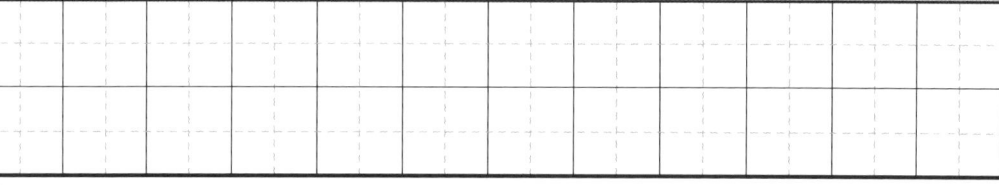

戒性篇

계성편
(성품을 경계하는 글)

景行錄云 人性이 如水하여
경행록운 인성 여수

水一傾則不可復이요
수일경즉불가복

性一縱則不可反이니
성일종즉불가반

制水者는 必以堤防하고
제수자 필이제방

制性者는 必以禮法이니라.
제성자 필이예법

『경행록』에 말하였다. "사람의 성품은 물과 같아서 한 번 기울어지면 되돌릴 수 없고 성품이 한 번 방종해지면 돌이킬 수 없으니, 물을 제어하는 것은 반드시 제방으로써 하고 성품을 제어하는 것은 반드시 예법으로써 하여야 한다."

忍一時之忿이면 免百日之憂니라.
인일시지분 면백일지우

한때의 분함을 참으면 백 일의 근심을 피할 수 있다.

得忍且忍이요 得戒且戒하라
득인차인 득계차계
不忍不戒면 小事成大니라.
불인불계 소사성대

참을 수 있으면 우선 참고, 경계할 수 있으면 우선 경계하라. 참지 않고 경계하지 않으면 작은 일이 크게 된다.

愚濁生嗔怒는 皆因理不通이라
우탁생진노 개인리불통
休添心上火하고 只作耳邊風하라.
휴첨심상화 지작이변풍
長短은 家家有요 炎凉은 處處同이라
장단 가가유 염량 처처동
是非無實相하여 究竟摠成空이니라.
시비무실상 구경총성공

어리석고 흐리멍덩한 자가 성을 내는 것은 다 이치를 알지 못하기 때문이다. 마음 위에 화를 더하지 말고 다만 귓전을 스치는 바람결로 여겨라. 장점과 단점은 집집마다 있고 따뜻하고 싸늘한 것은 곳곳마다 같다. 옳고 그름이란 본래 실상이 없어서 마침내는 모두가 다 헛것이 된다.

子張이 欲行에 辭於夫子할새
자장 욕행 사어부자

願賜一言爲修身之美하노이다.
원사일언위수신지미

子曰 百行之本이 忍之爲上이니라.
자왈 백행지본 인지위상

子張曰 何爲忍之닛고.
자장왈 하위인지

子曰 天子忍之면 國無害하고
자왈 천자인지 국무해

諸侯忍之면 成其大하고 官吏忍之면 進其位하고
제후인지 성기대 관리인지 진기위

兄弟忍之면 家富貴하고 夫妻忍之면 終其世하고
형제인지 가부귀 부처인지 종기세

朋友忍之면 名不廢하고 自身忍之면 無禍害니라.
붕우인지 명불폐 자신인지 무화해

자장이 떠나고자 함에 공자에게 하직을 고하면서 "한마디 말로 몸을 닦는데 가장 아름다운 것을 말씀해 주시기를 원합니다." 하자, 공자가 말하였다. "모든 행실의 근본은 참는 것이 그 으뜸이니라." 자장이 말하기를, "어떻게 참아야 합니까?" 하자, 공자가 말하였다. "천자가 참으면 나라에 해로움이 없고, 제후가 참으면 큰 나라를 이룩하고, 벼슬아치가 참으면 그 지위가 올라가고, 형제들이 참으면 집안이 부귀해지고, 부부가 참으면 일생을 마칠 수 있고, 친구끼리 참으면 명예가 없어지지 않고, 자신이 참으면 재앙이 없다."

子張曰 不忍則如何닛고.
자장왈 불인즉여하

子曰 天子不忍이면 國空虛하고
자왈 천자불인 국공허

諸侯不忍이면 喪其軀하고
제후불인 상기구

官吏不忍이면 刑法誅하고
관리불인 형법주

兄弟不忍이면 各分居하고
형제불인 각분거

夫妻不忍이면 令子孤하고
부처불인 영자고

朋友不忍이면 情意疎하고
붕우불인   정의소

自身不忍이면 患不除니라.
자신불인   환부제

子張曰 善哉善哉라 難忍難忍이여
자장왈 선재선재   난인난인

非人不忍이요 不忍非人이로다.
비인불인   불인비인

자장이 "참지 않으면 어떻게 됩니까?" 하고 묻자, 공자가 말하였다. "천자가 참지 않으면 나라가 공허하게 되고, 제후가 참지 않으면 그 몸을 잃게 되고, 벼슬아치가 참지 않으면 형법에 의하여 죽게 되고, 형제가 참지 않으면 각각 헤어져서 따로 살게 되고, 부부가 참지 않으면 자식을 외롭게 하고, 친구끼리 참지 않으면 정과 뜻이 소원해지고, 자신이 참지 않으면 근심이 덜어지지 않는다." 자장이 말하였다. "참 좋은 말씀이로다. 참는 것은 어렵고도 어려우니 사람이 아니면 참지 못할 것이요, 참지 못하면 사람이 아니구나."

景行錄云 屈己者는 能處重하고
경행록운 굴기자   능처중

好勝者는 必遇敵이니라.
호승자   필우적

『경행록』에 말하였다. "자기를 굽히는 자는 중요한 지위를 차지할 수 있지만, 이기기를 좋아하는 자는 반드시 적을 만나게 된다."

惡人이 罵善人커든 善人은 摠不對하라.
악인 매선인 선인 총부대

不對는 心淸閑이요 罵者는 口熱沸니라.
부대 심청한 매자 구열비

正如人唾天하여 還從己身墜니라.
정여인타천 환종기신추

악한 사람이 착한 사람을 꾸짖거든 착한 사람은 끝까지 대꾸하지 말라. 대꾸하지 않는 사람은 마음이 맑고 한가롭고, 꾸짖는 자는 입에 불이 붙는 것처럼 뜨겁게 끓어오른다. 마치 사람이 하늘에 침을 뱉으면 도로 자기 몸에 떨어지는 것과 같다.

我若被人罵라도 佯聾不分說하라.
아약피인매 양롱불분설

譬如火燒空하여 不救自然滅이라
비여화소공 불구자연멸

我心은 等虛空이어늘 摠爾飜脣舌이니라.
아심 등허공 총이번순설

내가 만약 남에게 욕을 듣더라도 거짓으로 귀먹은 체하여 시비를 가리려 하지 말라. 비유컨대 불이 허공에서 타다가 끄지 않아도 저절로 꺼지는 것과 같다. 내 마음은 텅 빈 것 같거늘 늘 상대만 입술과 혀를 나불거리는 것이다.

凡事에 留人情이면
범사　유인정

後來에 好相見이니라.
후래　호상견

모든 일에 인정을 남기면 뒷날 좋게 서로 만나게 된다.

勤學篇

근학편
(배움을 부지런히 하는 글)

子夏曰 博學而篤志하고
자하왈 박학이독지

切問而近思면 仁在其中矣니라.
절문이근사　　인재기중의

자하가 말하였다. "널리 배워서 뜻을 두텁게 하고, 간절하게 묻고 가까운 데서 생각해 나가면 인은 그 가운데 있다."

莊子曰 人之不學은 如登天而無術하고
장자왈 인지불학 여등천이무술

學而智遠이면 如披祥雲而覩靑天하고
학이지원 여피상운이도청천

登高山而望四海니라.
등고산이망사해

장자가 말하였다. "사람이 배우지 않으면 하늘에 오르려는데 재주가 없는 것과 같고, 배워서 지혜가 원대해지면 상서로운 구름을 헤치고 푸른 하늘을 보며 산에 올라 온 세상을 바라보는 것과 같다."

禮記曰 玉不琢이면 不成器하고
예기왈 옥불탁 불성기

人不學이면 不知道니라.
인불학 부지도

『예기』에 말하였다. "옥은 다듬지 않으면 그릇이 되지 못하고, 사람은 배우지 않으면 도리를 알지 못한다."

太公曰 人生不學이면 冥冥如夜行이니라.
태공왈 인생불학 명명여야행

태공이 말하였다. "사람이 태어나 배우지 않으면 어두운 밤길을 가는 것과 같다."

韓文公曰 人不通古今이면
한문공왈 인불통고금

馬牛而襟裾니라.
마우이금거

한문공이 말하였다. "사람이 고금의 이치를 통달하지 못하면 말과 소에 옷을 입힌 것과 같다."

朱文公曰 家若貧이라도 不可因貧而廢學이요
주문공왈 가약빈　　　　　불가인빈이폐학

家若富라도 不可恃富而怠學이니
가약부　　　불가시부이태학

貧若勤學이면 可以立身이요
빈약근학　　　가이입신

富若勤學이면 名乃光榮이니라.
부약근학　　　명내광영

惟見學者顯達이요 不見學者無成이니라.
유견학자현달　　　불견학자무성

學者는 乃身之寶요 學者는 乃世之珍이니라.
학자 내신지보 학자 내세지진

是故로 學則乃爲君子요 不學則爲小人이니
시고 학즉내위군자 불학즉위소인

後之學者는 宜各勉之니라.
후지학자 의각면지

주문공이 말하였다. "집안이 가난하더라도 가난 때문에 배우는 것을 버리지 말 것이요, 집안이 부유하더라도 부유한 것을 믿고 학문을 게을리 해서는 안 된다. 가난한 자가 만약 부지런히 배운다면 입신할 수 있을 것이요, 부유한 자가 만약 부지런히 배운다면 명성이 더욱 빛날 것이다. 오직 배운 자가 훌륭해지는 것을 보았으며, 배운 사람으로서 성취하지 못하는 것은 보지 못했다. 배움이란 것은 곧 몸의 보배요, 배운 사람은 곧 세상의 보배이다. 이 때문에 배우면 군자가 되고 배우지 않으면 소인이 될 것이니, 후에 배우는 자는 마땅히 각각 배움에 힘써야 한다."

徽宗皇帝曰 學者는 如禾如稻하고
휘종황제왈 학자 여화여도

不學者는 如蒿如草로다.
불학자 여호여초

如禾如稻兮여 國之精糧이요 世之大寶로다.
여화여도혜 국지정량 세지대보

如蒿如草兮여 耕者憎嫌하고 鋤者煩惱라
여호여초혜 경자증혐 서자번뇌

他日面墻에 悔之已老로다.
타일면장 회지이로

휘종황제가 말하였다. "배운 사람은 벼와 같지만, 배우지 않은 사람은 잡초와 같다. 벼와 같은 사람이여 나라의 좋은 양식이요, 온 세상의 보배로다. 잡초 같은 사람이여 밭을 가는 자가 미워하고 밭을 매는 자가 귀찮아 하는구나. 뒷날에 담을 마주하듯 뉘우친들 이미 때는 늦을 것이다."

論語曰 學如不及이요 猶恐失之니라.
논어왈 학여불급 유공실지

『논어』에 말하였다. "배우기를 미치지 못할 것처럼 하고 오직 그것을 잃을까 두려워하라."

訓子篇

훈자편
(아들을 가르치는 글)

景行錄云 賓客不來면 門戶俗하고
경행록운 빈객불래 문호속

詩書無敎면 子孫愚니라.
시서무교 자손우

『경행록』에 말하였다 "손님이 오지 않으면 집안이 저속해지고, 『시경』과 『서경』을 가르치지 않으면 자손이 어리석어진다."

莊子曰 事雖小나 不作이면 不成이요
장자왈 사수소 부작 불성

子雖賢이나 不敎면 不明이니라.
자수현 불교 불명

장자가 말하였다. "일이 비록 작더라도 하지 않으면 이루지 못할 것이요, 자식이 비록 어질지라도 가르치지 않으면 현명하지 못하다."

漢書云 黃金滿籯이 不如敎子一經이요
한서운 황금만영 불여교자일경

賜子千金이 不如敎子一藝니라.
사자천금 불여교자일예

『한서』에 말하였다. "황금이 상자에 가득 차 있더라도 자식에게 경서 하나를 가르치는 것만 같지 못하고, 자식에게 천금을 물려주는 것이 재주 한 가지를 가르치는 것만 못하다."

至樂은 莫如讀書요
지락　막여독서
至要는 莫如敎子니라.
지요　막여교자

지극한 즐거움에는 책을 읽는 것만 한 것이 없고, 지극한 중요함에는 자식을 가르치는 것만 한 것이 없다.

呂滎公曰 內無賢父兄하고 外無嚴師友요
여형공왈 내무현부형　　외무엄사우
而能有成者 鮮矣니라.
이능유성자　선의

여형공이 말하였다. "안으로는 어진 어버이나 형이 없고, 밖으로 엄한 스승과 친구가 없으면 성공하는 자가 드물다."

太公曰 男子失敎면 長必頑愚하고
태공왈 남자실교　장필완우
女子失敎면 長必麤疎니라.
여자실교　장필추소

태공이 말하였다. "남자아이가 교육의 기회를 놓치면 자라서 반드시 미련하고 어리석으며, 여자아이가 교육의 기회를 놓치면 자라서 반드시 거칠고 솜씨가 없게 된다."

男年長大이든 **莫習樂酒**하고 **女年長大**이든
남년장대   막습악주   여년장대
莫令遊走하라.
막령유주

남자가 자라나거든 풍악이나 술을 배우지 말도록 하고, 여자가 자라나거든 놀러 다니지 말도록 하라.

嚴父는 **出孝子**요 **嚴母**는 **出孝女**니라.
엄부   출효자   엄모   출효녀

엄한 아버지는 효자를 길러내고, 엄한 어머니는 효녀를 길러낸다.

憐兒어든 **多與棒**하고 **憎兒**어든 **多與食**하라.
연아   다여봉   증아   다여식

아이를 사랑하거든 매를 많이 주고, 아이를 미워하거든 먹을 것을 많이 주라.

人皆愛珠玉이나 **我愛子孫賢**이니라.
인개애주옥   아애자손현

세상 사람들은 모두 주옥을 사랑하지만, 나는 자손이 현명한 것을 사랑한다.

省心篇

성심편 上
(마음을 살피는 글)

景行錄云 寶貨는 用之有盡이요
경행록운 보화 용지유진
忠孝는 享之無窮이니라.
충효 향지무궁

『경행록』에 말하였다. "보화는 쓰면 다함이 있고 충성과 효성은 누려도 다함이 없다."

家和貧也好어니와 不義富如何오
가화빈야호   불의부여하
但存一子孝니 何用子孫多리오.
단존일자효   하용자손다

집안이 화목하면 가난해도 좋거니와 의롭지 못하면 부유한들 무엇하겠는가. 다만 효도하는 자식이 하나만 있으면 되지 자손이 많은들 어디에 쓰리오?"

父不憂心因子孝요
夫無煩惱是妻賢이라
言多語失皆因酒요
義斷親疎只爲錢이니라.
부불우심인자효
부무번뇌시처현
언다어실개인주
의단친소지위전

아버지가 마음에 근심하지 않음은 자식이 효도하기 때문이요, 남편이 번뇌하지 않음은 아내가 어질기 때문이다. 말이 많아 실수함은 술 때문이요, 의리가 끊어지고 친척이 멀어지는 것도 단지 돈 때문이다.

旣取非常樂이어든 須防不測憂니라.
기취비상락 수방불측우

이미 일상적이지 않은 즐거움을 취했거든 모름지기 헤아리지 못하는 근심을 방비해야 한다.

得寵思辱하고 **居安慮危**니라.
득총사욕   거안려위

총애를 받거든 욕됨을 생각하고, 편안하게 지낼 때는 위험을 생각하라.

榮輕辱淺하고 **利重害深**이니라.
영경욕천   이중해심

영화가 가벼우면 욕됨이 얕고, 이익이 무거우면 손해도 깊다.

甚愛必甚費요 **甚譽必甚毀**요 **甚喜必甚憂**요
심애필심비   심예필심훼   심희필심우

甚藏必甚亡이라.
심장필심망

심히 아끼면 반드시 심하게 허비할 것이요, 심히 칭찬 받으면 반드시 심한 비난을 받게 된다. 기뻐함이 심하면 반드시 심히 근심하고, 심히 축적하면 반드시 심히 잃는다.

子曰 不觀高崖면 何以知顚墜之患이며
자왈 불관고애 하이지전추지환

不臨深泉이면 何以知沒溺之患이며
불임심천 하이지몰익지환

不觀巨海면 何以知風波之患이리오.
불관거해 하이지풍파지환

공자가 말하였다. "높은 낭떠러지를 보지 않으면 어찌 굴러 떨어지는 근심을 알 것이며, 깊은 샘에 가지 않으면 어찌 몸이 빠져 죽는 근심을 알 것이며, 큰 바다를 보지 않으면 어찌 거센 파도의 근심을 알겠는가?"

欲知未來인대 先察已然이니라.
욕지미래 선찰이연

미래를 알고자 한다면, 먼저 지나간 일을 살펴보라.

子曰 明鏡은 所以察形이요
자왈 명경 소이찰형

往古는 所以知今이니라.
왕고 소이지금

공자가 말하였다. "밝은 거울은 얼굴을 살피는 수단이요, 지나간 일은 오늘을 아는 방법이다."

過去事는 明如鏡이요
과거사   명여경
未來事는 暗似漆이니라.
미래사   암사칠

지나간 일은 밝기가 거울과 같고 미래의 일은 어둡기가 칠흑과 같다.

景行錄云 明朝之事를 薄暮에 不可必이요
경행록운 명조지사 박모   불가필
薄暮之事를 晡時에 不可必이니라.
박모지사 포시   불가필

『경행록』에 말하였다. "내일 아침의 일을 저녁때에 꼭 그렇다고 단정할 수 없고, 저녁때의 일을 오후에 꼭 그렇게 된다고 단정할 수 없다."

天有不測風雨하고
천유불측풍우
人有朝夕禍福이니라.
인유조석화복

하늘에는 예측할 수 없는 비바람이 있고, 사람은 아침저녁으로 화복이 있다.

未歸三尺土하여는 難保百年身이요
미 귀 삼 척 토   난 보 백 년 신

已歸三尺土하여는 難保百年墳이니라.
이 귀 삼 척 토   난 보 백 년 분

석 자 되는 흙 속으로 돌아가지 아니하고서는 백 년의 몸을 보전하기 어렵고, 이미 석 자 되는 흙 속으로 돌아가면 백 년 동안 무덤을 보전하기 어렵다.

景行錄云 木有所養이면
경 행 록 운 목 유 소 양

則根本固而枝葉茂하여 棟樑之材成하고
즉 근 본 고 이 지 엽 무   동 량 지 재 성

水有所養이면 則泉源壯而流派長하여
수 유 소 양   즉 천 원 장 이 유 파 장

灌漑之利博하고 人有所養이면
관 개 지 이 박   인 유 소 양

則志氣大而識見明하여 忠義之士出이니
즉 지 기 대 이 식 견 명   충 의 지 사 출

可不養哉아.
가 부 양 재

『경행록』에 말하였다. "나무는 제대로 기르면 뿌리가 튼튼하고 가지와 잎이 무성하여 기둥과 들보 같은 재목을 이루고, 물이 제대로 관리되면 물의 근원이 세차고 물줄기가 길어서 관개의 이익이 넓고, 사람이 제대로 길러지면 뜻과 기상이 크고 식견이 밝아져 충성스럽고 의로운 선비가 나오니, 어찌 기르지 않을 수 있겠는가?"

自信者는 人亦信之하여 吳越이 皆兄弟요
자신자   인역신지   오월   개형제

自疑者는 人亦疑之하여 身外에 皆敵國이니라.
자의자   인역의지   신외   개적국

스스로 믿는 자는 다른 사람도 그를 믿어서 오나라와 월나라 같은 적국 사이라도 형제 같이 될 수 있고, 스스로를 의심하는 자는 다른 사람도 의심하니 자기 외에는 모두 적국이 된다.

疑人莫用하고 用人勿疑니라.
의인막용   용인물의

의심 드는 사람은 쓰지 말고, 사람을 쓰거든 의심하지 말라.

諷諫云 水底魚天邊雁은
풍 간 운 수 저 어 천 변 안

高可射兮低可釣어니와
고 가 사 혜 저 가 조

惟有人心咫尺間에 咫尺人心不可料니라.
유 유 인 심 지 척 간   지 척 인 심 불 가 료

『풍간』에 말하였다. "물속 깊이 있는 고기와 하늘 높이 나는 기러기는 높은 데 있는 것은 쏘아 잡고, 낮은 데 있는 것은 낚을 수 있지만, 오직 사람의 마음은 지척 간에 있어도 이 지척 간에 있는 마음은 헤아릴 수 없다."

畵虎畵皮難畵骨이요 知人知面不知心이니라.
화 호 화 피 난 화 골   지 인 지 면 부 지 심

호랑이를 그리되 가죽은 그릴 수 있으나 뼈는 그리기 어렵고, 사람을 알되 얼굴은 알지만 마음은 알 수 없다.

對面共話하되 心隔千山이니라.
대 면 공 화   심 격 천 산

얼굴을 맞대고 함께 이야기는 하지만, 마음은 여러 산이 가로막힌 듯 떨어져 있다.

海枯終見底나 人死不知心이니라.
해 고 종 견 저　인 사 부 지 심

바다는 마르면 마침내 바닥을 볼 수 있으나, 사람은 죽어도 그 마음을 알 수 없다.

太公曰 凡人은 不可逆相이요
태 공 왈 범 인　불 가 역 상
海水는 不可斗量이니라.
해 수　불 가 두 량

태공이 말하였다. "무릇 사람은 닥쳐올 일을 헤아릴 수 없고, 바닷물은 말로 잴 수 없다."

景行錄云 結怨於人을 謂之種禍요
경 행 록 운 결 원 어 인　위 지 종 화
捨善不爲를 謂之自賊이라.
사 선 불 위　위 지 자 적

『경행록』에 말하였다. "다른 사람과 원수를 맺는 것은 재앙의 씨를 심는 것이라 하고, 선한 것을 버리고 선한 일을 하지 않는 것은 스스로를 해치는 것이라 한다."

若聽一面說이면 **便見相離別**이니라.
약청일면설   편견상이별

만약 한쪽의 말만 듣는다면 가깝던 사이가 서로 멀어지게 됨을 알 수 있다.

飽煖엔 **思淫慾**하고 **飢寒**엔 **發道心**이니라.
포난   사음욕   기한   발도심

배부르고 따뜻하면 음욕이 일어나고, 굶주리고 추우면 올바른 생각이 일어난다.

疏廣曰 賢人多財則損其志하고
소광왈 현인다재즉손기지
愚人多財則益其過니라.
우인다재즉익기과

소광이 말하였다. "어진 사람이 재물이 많으면 그 뜻을 손상하게 되고, 어리석은 사람이 재물이 많으면 허물을 더하게 된다."

人貧智短하고 福至心靈이니라.
인빈지단　　　복지심령

사람이 가난하면 지혜가 짧아지고, 복이 이르면 마음이 영특해진다.

不經一事면 不長一智니라.
불경일사　　불장일지

한 가지 일을 겪지 않으면, 한 가지 지혜가 자라지 않는다.

是非終日有라도 不聽自然無니라.
시비종일유　　　불청자연무

시비가 종일토록 있을지라도, 듣지 않으면 저절로 없어진다.

來說是非者는 便是是非人이니라.
내설시비자 편시시비인

찾아와서 옳고 그름을 말하는 자는, 바로 남에게 시비를 거는 사람이다.

擊壤詩云 平生에 不作皺眉事하면
격양시운 평생 부작추미사
世上에 應無切齒人이라
세상 응무절치인
大名을 豈有鐫頑石가 路上行人이
대명 기유전완석 노상행인
口勝碑니라.
구승비

『격양시』에 말하였다. "평소에 눈썹 찡그릴 일을 하지 않으면 세상에 이를 갈 원수 같은 사람은 없을 것이다. 크게 난 이름을 어찌 무딘 돌에 새길 것인가. 길가는 사람의 말이 비석보다 낫다."

有麝自然香이니 何必當風立고.
유 사 자 연 향　　하 필 당 풍 립

사향을 지녔으면 저절로 향기가 나는데, 어찌 꼭 바람을 향하여 서겠는가?

有福莫享盡하라 福盡身貧窮이요
유 복 막 향 진　　복 진 신 빈 궁
有勢莫使盡하라 勢盡寃相逢이니라.
유 세 막 사 진　　세 진 원 상 봉
福兮常自惜하고 勢兮常自恭하라
복 혜 상 자 석　　세 혜 상 자 공
人生驕與侈는 有始多無終이니라.
인 생 교 여 치　　유 시 다 무 종

복이 있어도 다 누리지 말라. 복이 다하면 몸이 빈궁해질 것이요, 권세가 있어도 다 부리지 말라. 권세가 다하면 원수와 서로 만난다. 복이 있거든 항상 스스로 아끼고, 권세가 있거든 항상 스스로 공손하라. 인생에 교만과 사치는 시작은 있으나 대부분 끝은 없는 법이다.

王參政四留銘曰
왕 참 정 사 유 명 왈

留有餘不盡之巧하여
유 유 여 부 진 지 교

以還造物하고 留有餘不盡之祿하여
이 환 조 물　　유 유 여 부 진 지 록

以還朝廷하고 留有餘不盡之財하여
이 환 조 정　　유 유 여 부 진 지 재

以還百姓하고 留有餘不盡之福하여
이 환 백 성　　유 유 여 부 진 지 복

以還子孫이니라.
이 환 자 손

왕참정의 『사류명』에 말하였다. "여유가 있어 다 쓰지 못한 재주는 남겼다가 조물주에게 돌려주고, 여유가 있어 다 쓰지 못한 봉록은 남겼다가 조정에 돌려주고, 여유가 있어 다 쓰지 못한 재물은 남겼다가 백성에게 돌려주며, 여유가 있어 다 쓰지 못한 복은 남겼다가 자손에게 돌려주라."

黃金千兩이 未爲貴요 得人一語가 勝千金이니라.
황금천냥 미위귀 득인일어 승천금

황금 천 냥이 귀한 것이 아니라, 사람의 좋은 말 한마디를 듣는 것이 천금보다 낫다.

巧者는 拙之奴요 苦者는 樂之母니라.
교자 졸지노 고자 낙지모

재주 있는 사람은 재주 없는 사람의 노예요, 괴로움은 즐거움의 어머니이다.

小船은 難堪重載요 深逕은 不宜獨行이니라.
소선 난감중재 심경 불의독행

작은 배는 무거운 짐을 견디기 어렵고, 으슥한 길은 혼자 다니기에 마땅치 못하다.

黃金이 **未是貴**요 **安樂**이 **値錢多**니라.
황 금   미 시 귀   안 락   치 전 다

황금이 귀한 것이 아니라, 평안하고 즐거운 것이 돈보다 값어치가 있다.

在家에 **不會邀賓客**이면
재 가   불 회 요 빈 객
出外에 **方知少主人**이니라.
출 외   방 지 소 주 인

집에 있을 때 손님을 맞이할 줄 모르면, 밖에 나가서야 비로소 주인이 적음을 알게 된다.

貧居鬧市無相識이요 **富住深山有遠親**이니라.
빈 거 요 시 무 상 식   부 주 심 산 유 원 친

가난하면 번화한 시장거리에 살아도 서로 아는 사람이 없지만, 부유하면 깊은 산 중에 살아도 먼 곳에서 오는 친구가 있다.

人義는 盡從貧處斷이요
인의   진종빈처단
世情은 便向有錢家니라.
세정   변향유전가

사람의 의리는 다 가난한 데로부터 끊어지고, 세상의 인정은 곧 돈 있는 집으로 향한다.

寧塞無底缸이언정 難塞鼻下橫이니라.
영색무저항   난색비하횡

차라리 밑 빠진 항아리는 막을지언정, 코 아래 가로놓인 것은 막기 어렵다.

人情은 皆爲窘中疎니라.
인정   개위군중소

사람의 정이란 모두 군색한 가운데 멀어지게 된다.

史記曰 郊天禮廟는 非酒不享이요
사기왈 교천예묘   비주불향

君臣朋友는 非酒不義요
군신붕우   비주불의

鬪爭相和는 非酒不勸이라
투쟁상화   비주불권

故로 酒有成敗而不可泛飮之니라.
고   주유성패이불가범음지

『사기』에 말하였다. "하늘에 제사를 지내고 사당에 제례 올림에도 술이 아니면 음향하지 못할 것이요, 임금과 신하, 친구와 친구 사이에도 술이 아니면 의리가 두터워지지 않을 것이요, 다투고 나서 서로 화해할 때도 술이 아니면 권하지 못할 것이다. 그러므로 술에 성공과 실패가 있으니 함부로 마셔서는 안 된다."

子曰 士志於道而恥惡衣惡食者는
자왈 사지어도이치악의악식자

未足與議也니라.
미족여의야

공자가 말하였다. "선비가 도에 뜻을 두면서 허름한 옷과 나쁜 음식을 부끄러워하는 자와는 서로 더불어 (도를) 논의할 만한 가치가 없다."

荀子曰 士有妬友則賢交不親하고
순자왈 사유투우즉현교불친

君有妬臣則賢人不至니라.
군유투신즉현인부지

순자가 말하였다. "선비에게 질투하는 벗이 있으면 어진 이가 가까이 하지 않고, 임금에게 질투하는 신하가 있으면 어진 사람이 오지 않는다."

天不生無祿之人하고
천불생무록지인

地不長無名之草니라.
지부장무명지초

하늘은 녹 없는 사람을 내지 않고, 땅은 이름 없는 풀을 기르지 않는다.

大富는 由天하고 小富는 由勤이니라.
대부 유천 소부 유근

큰 부자는 하늘에 달려 있고, 작은 부자는 부지런함에 달려 있다.

成家之兒는 惜糞如金하고 敗家之兒는
用金如糞이니라.

집안을 일으킬 아이는 인분도 황금같이 아끼고, 집안을 망칠 아이는 돈 쓰기를 인분처럼 한다.

邵康節先生曰 閑居에 愼勿說無妨하라
纔說無妨便有妨이니라
爽口物多能作疾이요 快心事過必有殃이라
與其病後能服藥으론 不若病前能自防이니라.

소강절 선생이 말하였다. "한가롭게 살 때 삼가 해로울 것이 없다고 말하지 말라. 해로울 게 없다고 말하자마자 바로 해로움이 생기리라. 입에 맞는 음식도 많이 먹으면 병이 생길 수 있고, 마음에 즐거운 일도 지나치면 반드시 재앙이 있으리라. 병이 난 후에 약을 먹기보다는 병이 나기 전에 스스로 예방하는 것이 낫다."

梓潼帝君垂訓曰 妙藥이
난의원채병

難醫寃債病이요

橫財는 不富命窮人이라

生事事生을 君莫怨하고

害人人害를 汝休嗔하라

天地自然皆有報하니 遠在兒孫近在身이니라.

재동제군의 수훈에 말하였다. "신묘한 약이라도 원한에 사무친 병은 치료하기 어렵고, 뜻밖에 생긴 재물은 운명이 궁한 사람을 부자로 만들지 못한다. 일을 저지르고 나서 일이 생기는 것을 그대는 원망하지 말고, 남을 해치려다 남이 해롭게 해도 그대는 화내지 말라. 하늘과 땅 사이의 모든 일에는 응보가 있나니 멀게는 자손에게 있고 가까이는 자신에게 있다."

花落花開開又落하고 錦衣布衣更換着이라
화락화개개우락   금의포의경환착

豪家도 未必常富貴요
호가   미필상부귀

貧家도 未必長寂寞이라
빈가   미필장적막

扶人에 未必上青霄요 推人에 未必塡溝壑이라
부인   미필상청소   추인   미필전구학

勸君凡事를 莫怨天하라
권군범사   막원천

天意於人에 無厚薄이니라.
천의어인   무후박

꽃은 졌다 피고 피었다가 또 지며, 비단옷도 다시 베옷으로 바꿔 입게 된다. 호화로운 집이라고 해서 반드시 언제나 부귀한 것도 아니요, 가난한 집이라 해서 반드시 오랫동안 적적하고 쓸쓸하진 않다. 사람이 받쳐주어도 반드시 푸른 하늘에 오르게 하지 못하고, 사람을 떠밀어도 반드시 깊은 구렁에 빠뜨리지는 못한다. 그대에게 권하노니, 모든 일에 하늘을 원망하지 말라. 하늘의 뜻은 사람에게 후하거나 박함이 없다.

堪歎人心毒似蛇라 誰知天眼轉如車요
감탄인심독사사 수지천안전여거

去年妄取東隣物터니 今日還歸北舍家라
거년망취동린물 금일환귀북사가

無義錢財는 湯潑雪이요
무의전재 탕발설

儻來田地는 水推沙니라
당래전지 수추사

若將狡譎爲生計면
약장교휼위생계

恰似朝開暮落花니라.
흡사조개모락화

사람 마음이 독하기가 뱀 같음을 한탄할 만하다. 누가 하늘의 눈이 수레바퀴처럼 돌아가고 있음을 알겠는가? 지난해에 망령되이 동쪽 이웃의 물건을 취했더니 오늘은 다시 북쪽 집으로 돌아가는구나. 의롭지 못한 돈과 재물은 끓는 물에 뿌리는 눈이요, 뜻밖에 오는 논밭은 강물에 밀리는 모래 같다. 만약 교활한 속임수로 생계를 삼는다면 아침에 피었다 저녁에 지는 꽃과 같다.

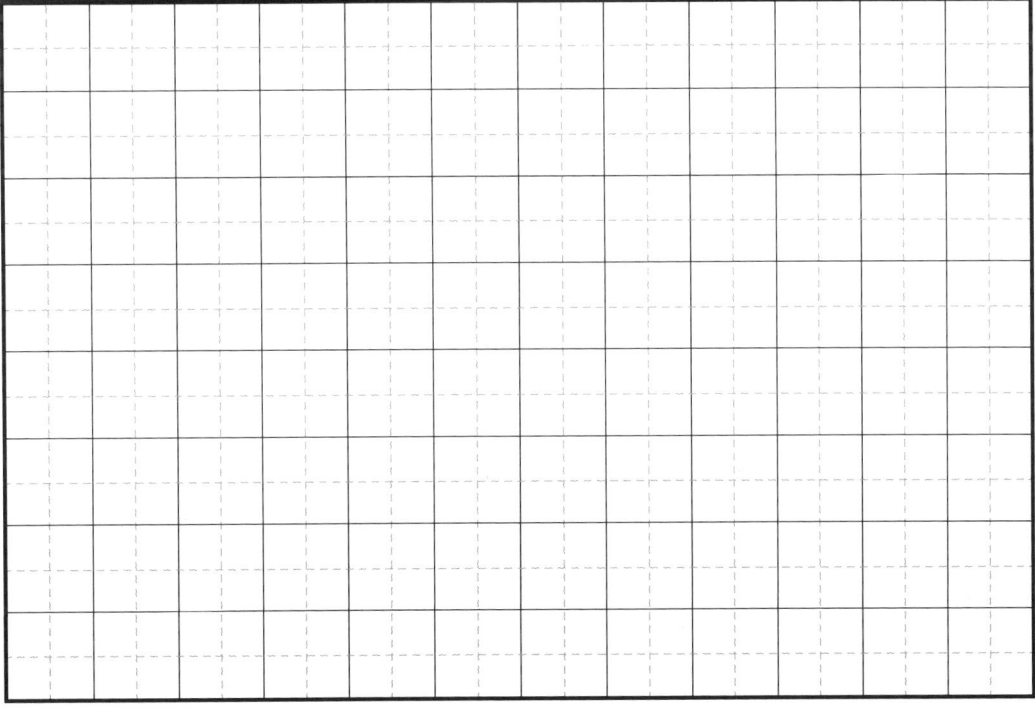

無藥可醫卿相壽요
무 약 가 의 경 상 수

有錢難買子孫賢이니라.
유 전 난 매 자 손 현

약으로도 재상의 수명을 고칠 수 없고, 돈이 있어도 자손의 현명함을 사기 어렵다.

一日淸閑이면 一日仙이니라.
일 일 청 한   일 일 선

하루 동안 마음이 깨끗하고 한가로우면 하루 동안 신선이 된 것이다.

省心篇

성심편 下
(마음을 살피는 글)

眞宗皇帝御製曰 知危識險이면
진종황제어제왈 지위식험

終無羅網之門이요
종무라망지문

擧善薦賢이면 自有安身之路라.
거선천현　　　자유안신지로

施仁布德은 乃世代之榮昌이요
시인포덕　　내세대지영창

懷妬報寃은 與子孫之危患이라
회투보원　　여자손지위환

損人利己면 終無顯達雲仍이요
손인이기　　종무현달운잉

진종황제의 『어제』에 말하였다. "위태로움을 알고 험한 것을 알면 끝까지 그물에 걸리는 일이 없을 것이요, 선한 사람을 들어 쓰고 어진 사람을 천거하면 몸을 편안히 하는 길이 저절로 생긴다. 인을 베풀고 덕을 폄은 곧 대대로 영화롭고 번창할 것이요, 시기하는 마음을 품고 원한에 보복함은 자손에게 근심을 남겨주는 것이다. 남에게 손해를 끼쳐서 자기를 이롭게 하면 끝내 현달하는 자손이 없을 것이고, 뭇사람을 해롭게 해서 집안을 이룬다면 어찌 오래도록 부귀가 있겠는가? 이름을 고치고 몸을 달리하는 것은 모두 교묘한 말로 말미암아 생겨나고, 재앙이 일어나고 몸이 상하게 됨은 다 어질지 못함이 부른 것이다."

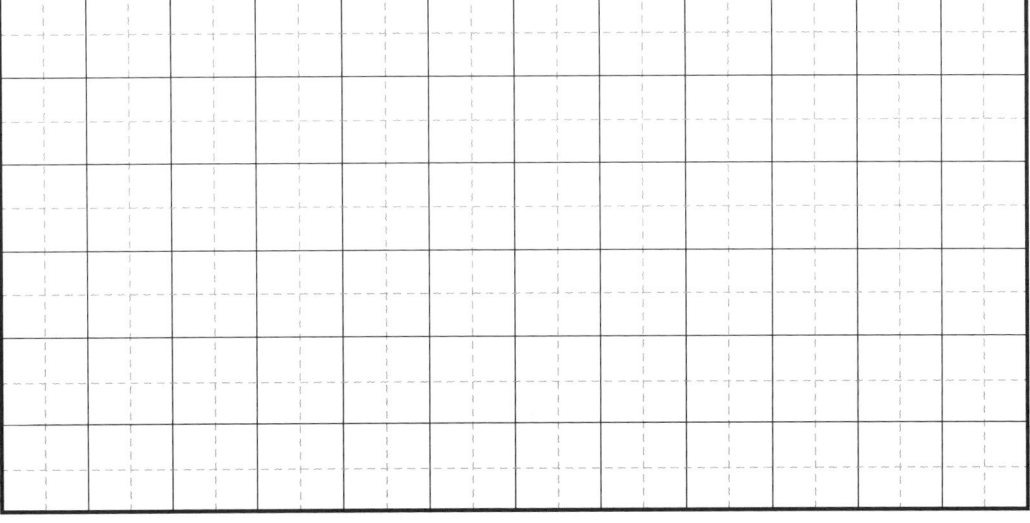

害衆成家면 豈有長久富貴리오
해중성가　　　기유장구부귀

改名異體는 皆因巧語而生이요
개명이체　　　개인교어이생

禍起傷身은 皆是不仁之召니라.
화기상신　　　개시불인지소

神宗皇帝御製曰 遠非道之財하고
신종황제어제왈　원비도지재

戒過度之酒하며
계과도지주

居必擇隣하고 交必擇友하며
거필택린　　　교필택우

嫉妬를 勿起於心하고 讒言을 勿宣於口하며
질투　물기어심　　　참언　물선어구

骨肉貧者를 莫疎하고 他人富者를 莫厚하며
골육빈자　막소　　　타인부자　막후

克己는 以勤儉爲先하고
극기　이근검위선

愛衆은 以謙和爲首하며
애중　이겸화위수

常思已往之非하고 每念未來之咎하라
상사이왕지비　　　매념미래지구

若依朕之斯言이면 治國家而可久니라.
약의짐지사언　　　치국가이가구

신종황제 『어제』에 말하였다. "도리에 어긋나는 재물은 멀리하고 정도에 지나친 술을 경계하며, 반드시 이웃을 가려서 살고, 반드시 벗을 가려서 사귀며, 질투를 마음에 일으키지 말고, 헐뜯는 말을 입에 올리지 말며, 가난한 친척을 멀리하지 말고, 부자인 남에게 후하게 대하지 말고, 자기의 욕심을 극복하는 일은 부지런함과 검소함을 첫째로 삼고, 대중을 사랑함은 겸손함과 온화함을 첫째로 삼을 것이며, 언제나 지나간 나의 잘못을 생각하고, 항상 앞날의 잘못을 염려하라. 만약 나의 이 말을 좇아서 나라와 집안을 다스린다면 오랫동안 지속할 수 있을 것이다."

高宗皇帝御製曰 一星之火도
고종황제어제왈 일성지화

能燒萬頃之薪하고
능소만경지신

半句非言도 誤損平生之德이라.
반구비언 오손평생지덕

身被一縷나 常思織女之勞하고
신피일루 상사직녀지로

日食三飧이나 每念農夫之苦하라.
일식삼손 매념농부지고

苟貪妬損이면 終無十載安康이요
구탐투손 종무십재안강

積善存仁이면 必有榮華後裔니라.
적선존인   필유영화후예

福緣善慶은 多因積行而生이요
복연선경   다인적행이생

入聖超凡은 盡是眞實而得이니라.
입성초범   진시진실이득

고종황제 『어제』에 말하였다. "한 점 불티도 능히 만 이랑의 섶을 태울 수 있고, 한마디 그릇된 말이 평생의 덕을 그르치고 훼손한다. 몸에 실오라기 하나를 걸쳐도 항상 베 짜는 여인의 수고를 생각하고, 하루 세 끼의 밥을 먹어도 농부의 노고를 생각하라. 구차하게 탐내고 시기해서 남에게 손해를 끼친다면 결국 십 년의 편안함도 없을 것이요, 선을 쌓고 인을 보존하면 반드시 후손들에게 영화가 있으리라. 복은 대부분 선행이 쌓여서 생기고, 성인의 경지에 들어가고 평범함을 초월하는 것은 다 진실함으로써 얻어지는 것이다."

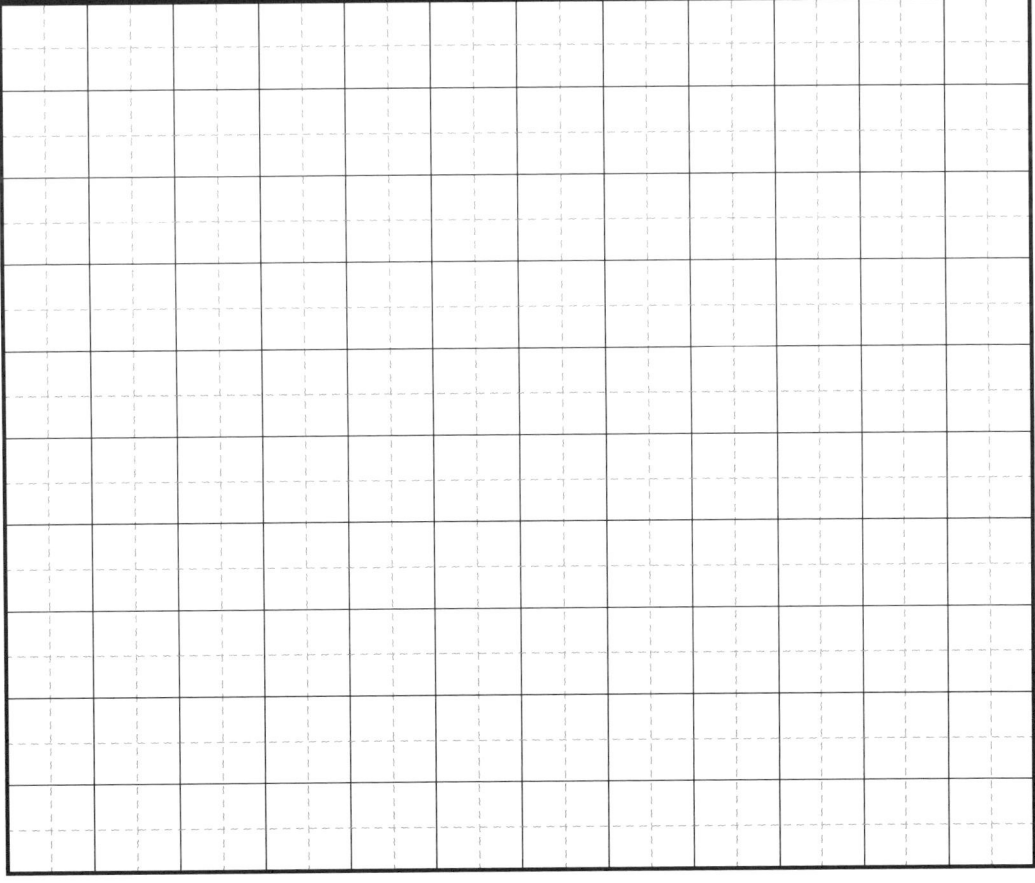

王良曰 欲知其君인대 先視其臣하고
왕량왈 욕지기군   선시기신

欲識其人인대 先視其友하고
욕식기인   선시기우

欲知其父인대 先視其子하라.
욕지기부   선시기자

君聖臣忠하고 父慈子孝니라.
군성신충   부자자효

왕량이 말하였다. "그 임금을 알고자 한다면 먼저 그 신하를 살펴보고, 그 사람을 알고자 한다면 먼저 그 벗을 살펴보고, 그 아비를 알고자 한다면 먼저 그 자식을 살펴보라. 임금이 성스러우면 그 신하가 충성스럽고, 아버지가 인자하면 자식이 효성스럽다."

家語云 水至淸則無魚하고
가어운 수지청즉무어

人至察則無徒니라.
인지찰즉무도

『가어』에 말하였다. "물이 너무 맑으면 고기가 없고, 사람이 너무 살피면 친구가 없다."

許敬宗曰 春雨如膏나
행경종왈 춘우여고

行人은 惡其泥濘하고
행인 오기니녕

秋月揚輝나 盜者는 憎其照鑑이니라.
추월양휘 도자 증기조감

허경종이 말하였다. "봄비는 땅을 기름지게 하는 것 같으나 길 가는 사람은 그 진흙탕을 싫어하고, 가을달이 밝게 비치나 도둑은 그 밝게 비추는 것을 싫어한다."

景行錄云 大丈夫見善明故로
경행록운 대장부견선명고

重名節於泰山하고
중명절어태산

用心精故로 輕死生於鴻毛니라.
용심정고 경사생어홍모

『경행록』에 말하였다. "대장부는 착함을 보는 것이 밝은 까닭에 명분과 절의를 태산보다 중히 여기고, 마음 씀씀이가 깨끗한 까닭에 죽고 사는 것을 기러기 털보다 가볍게 여긴다."

悶人之凶하고 樂人之善하며
민인지흉　　낙인지선
濟人之急하고 求人之危니라.
제인지급　　구인지위

다른 사람의 흉한 것을 민망히 여기고, 다른 사람의 선한 것을 즐거워하며, 다른 사람의 다급함을 건져주고, 다른 사람의 위태로움을 구제하라.

經目之事도 恐未皆眞이어늘
경목지사　공미개진
背後之言을 豈足深信이리오.
배후지언　기족심신

눈으로 본 일도 모두 다 참되지는 아니할까 두렵거늘, 등 뒤의 말을 어찌 깊이 믿을 수 있겠는가?

不恨自家汲繩短하고
불한자가급승단
只恨他家苦井深이로다.
지한타가고정심

자기 집 두레박 끈이 짧은 것은 탓하지 않고, 단지 남의 집 우물 깊은 것만 탓한다.

贓濫이 滿天下하되 罪拘薄福人이니라.
장람 만천하 죄구박복인

뇌물과 부정이 세상에 넘쳐나도, 죄는 복 없는 사람에게 걸린다.

天若改常이면 不風卽雨요
천약개상 불풍즉우
人若改常이면 不病卽死니라.
인약개상 불병즉사

하늘이 만약 상도를 벗어나면 바람이 불지 않으면 비가 오고, 사람이 만약 상도를 바꾸면 병이 나지 않으면 죽는다.

壯元詩云 國正天心順이요 官淸民自安이라
장원시운 국정천심순 관청민자안
妻賢夫禍少요 子孝父心寬이니라.
처현부화소 자효부심관

『장원시』에 말하였다. "나라가 바르면 하늘의 뜻도 순해지고, 벼슬아치가 청렴하면 온 백성이 저절로 편안하다. 아내가 어질면 남편의 재앙이 적을 것이요, 자식이 효도하면 아버지의 마음이 너그러워진다."

子曰 木從繩則直하고 人受諫則聖이니라.
자왈 목종승즉직   인수간즉성

공자가 말하였다. "나무가 먹줄을 따르면 곧아지고, 사람이 간언을 받아들이면 거룩해진다."

一派青山景色幽러니 前人田土後人收라
일파청산경색유   전인전토후인수
後人收得莫歡喜하라 更有收人在後頭니라.
후인수득막환희   갱유수인재후두

한 줄기 푸른 산은 경치가 그윽한데, 앞사람이 가꾸던 논밭을 뒷사람이 거두었구나. 뒷사람은 거두게 된 것을 기뻐하지 말라. 다시 거둘 사람이 뒤에 있으니.

蘇東坡曰 無故而得千金이면
소동파왈 무고이득천금
不有大福이라 必有大禍니라.
불유대복   필유대화

소동파가 말하였다. "까닭 없이 천금을 얻는다면 큰 복이 있는 것이 아니라 반드시 큰 재앙이 있다."

邵康節先生曰 有人來問卜하되
소강절선생왈 유인래문복

如何是禍福고 我虧人是禍요
여하시화복   아휴인시화

人虧我是福이니라.
인휴아시복

소강절 선생이 말하였다. "어떤 사람이 와서 점괘를 묻되, '어떠한 것이 재앙과 복입니까?' 하자, '내가 다른 사람을 해롭게 하는 것이 재앙이고, 남이 나를 해롭게 하면 이것이 복이다.'고 하였다."

大廈千間이라도 夜臥八尺이요
대하천간   야와팔척

良田萬頃이라도 日食二升이니라.
양전만경   일식이승

큰 집이 천 칸이라도 밤에 여덟 자 방에 눕고, 좋은 밭이 만 이랑이 있더라도 먹는 것은 하루에 두 되면 된다.

久住令人賤이요 頻來親也疎라
구 주 령 인 천   빈 래 친 야 소
但看三五日에 相見不如初니라.
단 간 삼 오 일   상 견 불 여 초

오래 머물면 사람으로 하여금 천하게 여겨지고, 자주 오면 친하던 사이도 멀어진다. 겨우 사흘이나 닷새 만에 보아도 처음만 같지 않다.

渴時一滴은 如甘露요
갈 시 일 적   여 감 로
醉後添盃는 不如無니라.
취 후 첨 배   불 여 무

목이 마를 때에 한 방울의 물은 단 이슬과 같고, 취한 후에 잔을 더하는 것은 없는 것만 못하다.

酒不醉人人自醉요
주 불 취 인 인 자 취
色不迷人人自迷니라.
색 불 미 인 인 자 미

술이 사람을 취하게 하는 것이 아니라 사람이 스스로 취하는 것이요, 여색이 사람을 미혹시키는 것이 아니라 사람이 스스로 미혹되는 것이다.

公心을 若比私心이면 何事不辨이며 道念을
약비사심   하사불변   도념
若同情念이면 成佛多時니라.
약동정념   성불다시

공공을 위하는 마음을 개인을 위하는 마음에 비할 수 있다면 무슨 일인들 분별하지 못할 것이며, 도를 향하는 마음이 만약 정욕을 생각하는 마음 같다면 오래 전에 부처가 되고도 남았을 것이다.

濂溪先生曰 巧者言하고 拙者默하며
염계선생왈 교자언   졸자묵
巧者勞하고 拙者逸하며 巧者賊하고 拙者德하며
교자로   졸자일   교자적   졸자덕
巧者凶하고 拙者吉하나니 嗚呼라 天下拙이면
교자흉   졸자길   오호   천하졸
刑政이 撤하여 上安下順하며 風淸弊絶이니라.
형정   철   상안하순   풍청폐절

염계 선생이 말하였다. "교묘한 자는 말을 잘하고 서툰 이는 침묵하며, 교묘한 자는 수고롭고 서툰 이는 한가하다. 교묘한 자는 남을 해치고 서툰 이는 덕성스러우며, 교묘한 자는 흉하고 서툰 이는 길하다. 아아! 천하가 서툰 듯하면 형벌로 다스리는 정치가 없어져, 윗사람은 편안하고 아랫사람은 순종하며, 풍속이 맑고 폐단이 없어진다."

易曰 德微而位尊하고
역왈 덕미이위존

智小而謀大면 無禍者鮮矣니라.
지소이모대 무화자선의

『주역』에 말하였다. "덕은 적으면서 지위가 높고, 지혜는 작으면서 꾀하는 것이 크면 화를 당하지 않는 자가 드물다."

說苑曰 官怠於宦成하고
설원왈 관태어환성

病加於小愈하며 禍生於懈怠하고
병가어소유 화생어해태

孝衰於妻子니 察此四者하여 愼終如始니라.
효쇠어처자 찰차사자 신종여시

『설원』에 말하였다. "관리는 지위가 높아짐에 따라 게을러지고, 병은 조금 나아진 데서 심해지며, 재앙은 게으른 데서 생기고, 효도는 처자식이 생기는 데서 약해진다. 이 네 가지를 살펴서 끝까지 삼가 끝맺음을 처음과 같이 할지니라."

器滿則溢하고 人滿則喪이니라.
기 만 즉 일   인 만 즉 상

그릇은 가득 차면 넘치고, 사람은 자만하면 잃는다.

尺璧非寶요 寸陰是競이니라.
척 벽 비 보   촌 음 시 경

한 자나 되는 구슬이 보배가 아니니, 몹시 짧은 시간도 다투어라.

羊羹이 雖美나 衆口는 難調니라.
양 갱   수 미   중 구   난 조

양고기 국이 비록 맛은 좋으나, 여러 사람의 입을 맞추기는 어렵다.

益智書云 白玉은 投於泥塗라도
익지서운 백옥 투어니도

不能汚穢其色이요
불능오예기색

君子는 行於濁地라도 不能染亂其心하나니
군자 행어탁지 불능염란기심

故로 松柏은 可以耐雪霜이요
고 송백 가이내설상

明智는 可以涉危難이니라.
명지 가이섭위난

『익지서』에 말하였다. "백옥을 진흙 속에 던져도 그 빛을 더럽힐 수 없고, 군자는 혼탁한 곳에 가더라도 그 마음을 더럽히거나 어지럽힐 수 없다. 그러므로 소나무와 잣나무는 서리와 눈을 견뎌내고, 현명하고 지혜로운 사람은 위험과 어려움을 헤쳐 나갈 수 있다."

入山擒虎는 易어니와 開口告人은 難이니라.
입산금호 이 개구고인 난

산에 들어가 호랑이를 잡기는 쉬우나, 입을 열어 다른 사람에게 고하기는 어렵다.

遠水는 不救近火요 遠親은 不如近隣이니라.
원수 불구근화 원친 불여근린

먼 곳에 있는 물은 가까이서 난 불을 끄지 못하고, 먼 곳의 일가친척은 가까운 이웃만 못하다.

太公曰 日月이 雖明이나 不照覆盆之下하고
태공왈 일월 수명 부조복분지하
刀刃이 雖快나 不斬無罪之人하고
도인 수쾌 불참무죄지인
非災橫禍는 不入愼家之門이니라.
비재횡화 불입신가지문

태공이 말하였다. "해와 달이 비록 밝으나 엎어 놓은 항아리의 밑은 비추지 못하고, 칼날이 비록 날카롭지만 죄 없는 사람은 베지 못하며, 나쁜 재앙과 느닷없는 화는 조심하는 집 문에는 들지 못한다."

太公曰 良田萬頃이 不如薄藝隨身이니라.
태공왈 양전만경 불여박예수신

태공이 말하였다. "좋은 밭 만 이랑이 하찮은 기술을 몸에 지니는 것만 못하다."

性理書云 接物之要는
성리서운 접물지요

己所不欲을 勿施於人하고
기소불욕 물시어인

行有不得이어든 反求諸己니라.
행유부득 반구저기

『성리서』에 말하였다 "사물을 접하는 요체는 자기가 하고자 하지 않는 것을 남에게 베풀지 말고, 행해도 되지 않는 일이 있거든 돌이켜 자신에게서 찾아야 한다."

酒色財氣四堵墻에 多少賢愚在內廂이라
주색재기사도장 다소현우재내상

若有世人跳得出이면 便是神仙不死方이니라.
약유세인도득출 변시신선불사방

술과 여색과 재물과 기운의 네 담 안의 행랑채에 수많은 어진 이와 어리석은 사람이 들어 있네. 만약 세상 사람 중에 이곳을 뛰쳐나오는 이가 있다면 그것이 바로 신선이 되는 죽지 않는 방법이라네.

立敎篇
입교편
(가르침을 세우는 글)

子曰 立身有義하니 而孝爲本이요
자왈 입신유의   이효위본

喪祀有禮하니 而哀爲本이요
상사유례   이애위본

戰陣有列하니 而勇爲本이요
전진유열   이용위본

治政有理하니 而農爲本이요 居國有道하니
치정유리   이농위본   거국유도

而嗣爲本이요 生財有時하니 而力爲本이니라.
이사위본   생재유시   이력위본

공자가 말하였다. "입신에 의가 있으니 효도가 그 근본이요, 상제에 예가 있으니 슬퍼함이 그 근본이요, 싸움터에 대열이 있으니 용맹이 그 근본이 된다. 나라를 다스리는 데 이치가 있으니 농사가 그 근본이 되고, 나라를 지키는 데 도가 있으니 후사가 그 근본이요, 재물은 생산함에 시기가 있으니 노력이 그 근본이다."

景行錄云 爲政之要는 曰公與淸이요
成家之道는 曰儉與勤이니라.

『경행록』에 말하였다. "정치의 요체는 공평과 청렴이요, 집안을 크게 이루는 길은 검소함과 부지런함이다."

讀書는 起家之本이요 循理는 保家之本이요
勤儉은 治家之本이요 和順은 齊家之本이니라.

독서는 집안을 일으키는 근본이요, 이치를 따르는 것은 집을 잘 보존하는 근본이요, 부지런하고 검소한 것은 집을 다스리는 근본이요, 화목과 순종은 집안을 가지런히 하는 근본이다.

孔子三計圖云 一生之計는
在於幼하고 一年之計는 在於春하고

一日之計는 在於寅이니
일일지계 재어인

幼而不學이면 老無所知요 春若不耕이면
유이불학 노무소지 춘약불경

秋無所望이요 寅若不起면 日無所辦이니라.
추무소망 인약불기 일무소판

『공자삼계도』에 말하였다. "일생의 계획은 어릴 때에 있고, 일 년의 계획은 봄에 있으며, 하루의 계획은 새벽에 있다. 어려서 배우지 않으면 늙어서 아는 것이 없고, 봄에 밭을 갈지 않으면 가을에 바랄 것이 없으며, 새벽에 일어나지 않으면 그날에 하는 일이 없다."

性理書云 五敎之目은 父子有親하며 君臣有義하며
성리서운 오교지목 부자유친 군신유의

夫婦有別하며 長幼有序하며 朋友有信이니라.
부부유별 장유유서 붕우유신

『성리서』에 말하였다. "다섯 가지 가르침의 조목이 있으니, 아버지와 자식 사이에는 서로 친함이 있어야 하고, 임금과 신하 사이에는 의리가 있어야 하고, 남편과 아내 사이에는 분별이 있어야 하고, 어른과 어린이 사이에는 차례가 있어야 하며, 친구 사이에는 믿음이 있어야 한다."

三綱은 **君爲臣綱**이요 **父爲子綱**이요
삼강   군위신강   부위자강
夫爲婦綱이니라.
부위부강

삼강이란 임금이 신하의 벼리가 되고, 아버지는 자식의 벼리가 됨이요, 남편은 아내의 벼리가 된다는 것이다.

王蠋曰 忠臣은 **不事二君**이요
왕촉왈 충신   불사이군
烈女는 **不更二夫**니라.
열녀   불경이부

왕촉이 말하였다. "충신은 두 임금을 섬기지 않고, 열녀는 두 지아비를 섬기지 않는다."

忠子曰 治官엔 **莫若平**이요
충자왈 치관   막약평
臨財엔 **莫若廉**이니라.
임재   막약렴

충자가 말하였다. "벼슬아치를 다스림에는 공평한 것 만한 것이 없고, 재물에 임해서는 청렴만 한 것이 없다."

張思叔座右銘曰 凡語를 必忠信하며
凡行을 必篤敬하며 飮食을 必愼節하며
字劃을 必楷正하며 容貌를 必端莊하며
衣冠을 必整肅하며 步履를 必安詳하며
居處를 必正靜하며 作事를 必謀始하며
出言을 必顧行하며 常德을 必固持하며
然諾을 必重應하며 見善을 如己出하며
見惡을 如己病하라.

凡此十四者는 皆我未深省이라
범차십사자 개아미심성

書此當座右하여 朝夕視爲警하노라.
서차당좌우 조석시위경

장사숙의 『좌우명』에 말하였다. "무릇 말은 반드시 충성되고 미덥게 하며, 무릇 행실은 반드시 돈독하고 공경히 하며, 음식은 반드시 삼가고 알맞게 먹도록 하며, 글씨는 반드시 반듯하고 바르게 쓰며, 용모는 반드시 단정하고 엄숙히 하며, 의관은 반드시 엄숙하고 바르게 하며, 걸음걸이는 반드시 편안하고 자상히 하며, 거처하는 곳은 반드시 바르고 정숙하게 하며, 일하는 것은 반드시 계획을 세워 시작하며, 말은 반드시 그 실행 여부를 생각해서 하며, 늘 덕을 반드시 굳게 가지며, 승낙은 반드시 신중히 응하며, 선을 보거든 자기에게서 나온 것 같이 하며, 악을 보거든 자기의 병인 것처럼 하라. 무릇 이 열 네 가지는 모두 내가 아직 깊이 성찰하지 못한 것이다. 이것을 자리의 오른쪽에 써 붙여 놓고 아침저녁으로 보고 경계할 것이다."

范益謙座右銘曰 一不言朝廷利害邊報差除요
범익겸좌우명왈 일불언조정리해변보차제

二不言州縣官員長短得失이요
이불언주현관원장단득실

三不言衆人所作過惡之事요
삼불언중인소작과악지사

四不言仕進官職趨時附勢요
사불언사진관직추시부세

五不言財利多少厭貧求富이요
오불언재리다소염빈구부

六不言淫媒戲慢評論女色이요
육불언음설희만평론여색

七不言求覓人物干索酒食이요
칠불언구멱인물간색주식

又人附書信을 不可開坼沈滯요
우인부서신 불가개탁침체

與人幷坐에 不可窺人私書요
여인병좌 불가규인사서

凡入人家에 不可看人文字요
범입인가 불가간인문자

凡借人物에 不可損壞不還이요
범차인물 불가손괴불환

凡喫飲食에 不可揀擇去取요
범끽음식 불가간택거취

與人同處에 不可自擇便利요
여인동처　불가자택편리

凡人富貴를 不可歎羨詆毀니
범인부귀　불가탄선저훼

凡此數事에 有犯之者면 足以見用心之不正이니
범차수사　유범지자　족이견용심지부정

於正心修身에 大有所害라 因書以自警하노라.
어정심수신　대유소해　인서이자경

범익겸의 『좌우명』에 말하였다. "첫째 조정에서의 이해와 변방의 보고 및 관직의 임명에 대하여 말하지 말 것이요, 둘째 주현 관원의 장단점과 잘잘못에 대하여 말하지 말 것이요, 셋째 여러 사람이 저지른 잘못된 일과 악한 일을 말하지 말며, 넷째 벼슬에 나아가는 것과 기회를 따라 권세에 아부하는 일에 대하여 말하지 말 것이요, 다섯째 재물의 많고 적음이나 가난을 싫어하고 부를 구하는 것을 말하지 말며, 여섯째 음탕하고 난잡한 농지거리나 여색에 대한 평론을 말하지 말 것이요, 일곱째 남의 물건을 요구하거나 술과 음식을 구하고 찾는 일을 말하지 말 것이다. 그리고 남이 편지를 부탁하거든 뜯어보거나 지체시켜서는 안 되며, 남과 함께 앉아 있으면서 남의 사사로운 글을 엿보아서는 안 되며, 무릇 남의 집에 들어가서 남이 적어 놓은 글을 보지 말며, 남의 물건을 빌었을 때 손상시키거나 돌려보내지 않아서는 안 된다. 무릇 음식을 가려서 먹어서는 안 될 것이며, 남과 같이 있으면서 자신만 편하려고 해서는 안 된다. 무릇 남의 부귀를 부러워하거나 헐뜯어서는 안 된다. 무릇 이 몇 가지 일을 범하는 자가 있으면 그 마음 쓰는 것이 어질지 않음을 볼 수 있으니, 마음을 보존하고 몸을 닦는 데 크게 해로운 것이 있다. 이 때문에 이 글을 써서 스스로 경계하노라."

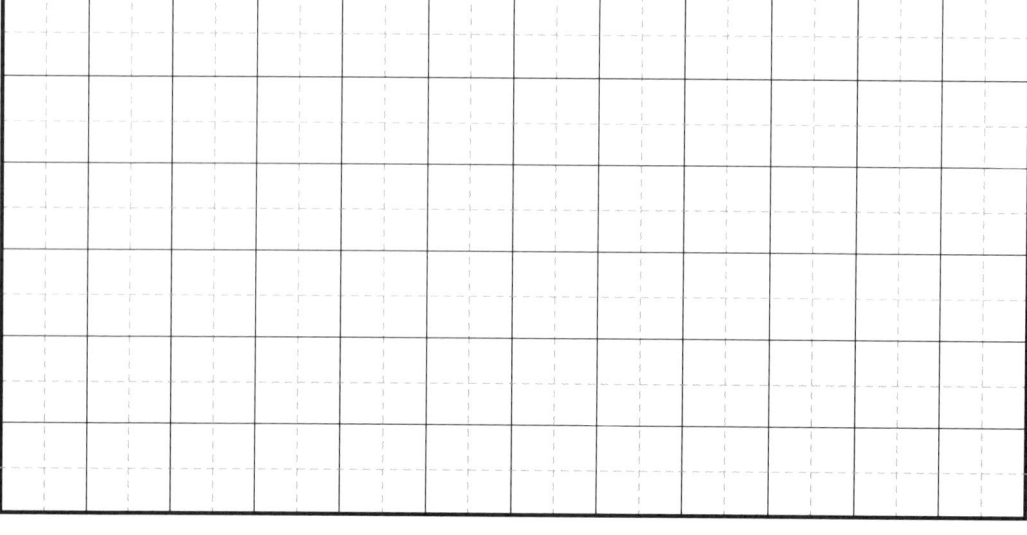

武王이 問太公曰 人居世上에
무왕   문태공왈 인거세상

何得貴賤貧富不等고
하득귀천빈부부등

願聞說之하여 欲知是矣로다.
원문설지   욕지시의

太公曰 富貴는 如聖人之德하여
태공왈 부귀   여성인지덕

皆由天命이어니와
개유천명

富者는 用之有節하고
부자   용지유절

不富者는 家有十盜니이다.
불부자   가유십도

무왕이 태공에게 다음과 같이 물었다. "사람이 세상을 살아가는 데 있어 어찌하여 귀천과 빈부가 고르지 않을 수 있습니까? 원컨대 그 점에 대해 말씀해 주시는 것을 듣고 이를 알고자 합니다." 태공이 대답하였다. "부귀는 성인의 덕과 같아서 다 천명에서 말미암거니와 부자는 쓰는 것이 절도가 있고 부유하지 않은 자는 집안에 열 가지 도둑이 있기 때문입니다."

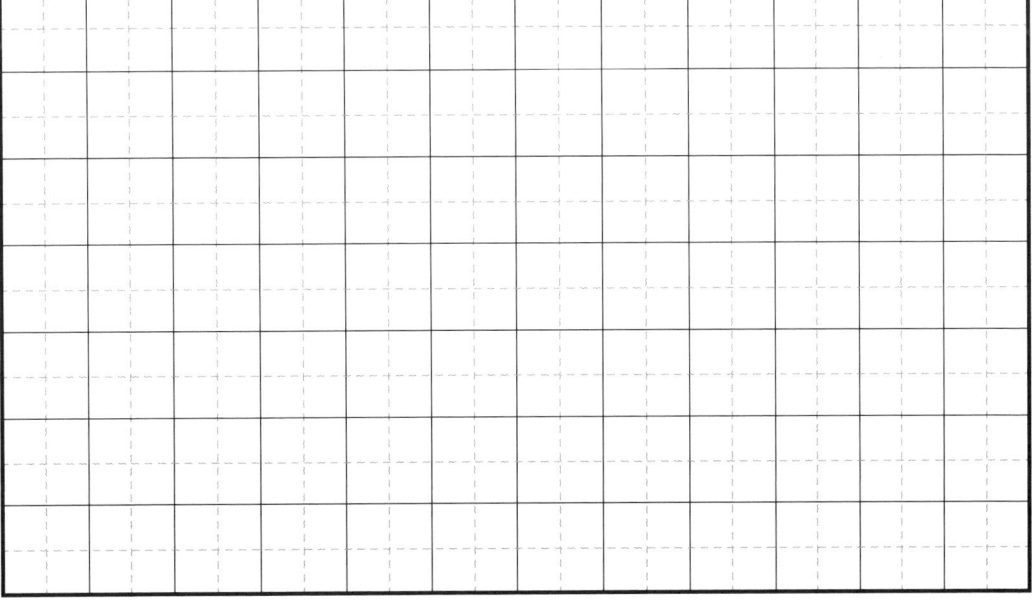

武王曰 何謂十盜닛고.
무왕왈 하위십도

太公曰 時熟不收 爲一盜요
태공왈 시숙불수 위일도

收積不了 爲二盜요 無事燃燈寢睡 爲三盜요
수적불료 위이도 무사연등침수 위삼도

慵懶不耕 爲四盜요 不施功力 爲五盜요
용라불경 위사도 불시공력 위오도

專行巧害 爲六盜요 養女太多 爲七盜요
전행교해 위육도 양녀태다 위칠도

晝眠懶起 爲八盜요 貪酒嗜慾이 爲九盜요
주면라기 위팔도 탐주기욕 위구도

强行嫉妬 爲十盜니이다.
강행질투 위십도

무왕이 말하였다. "무엇을 열 가지 도둑이라고 합니까?" 태공이 대답하였다. "때맞게 익은 곡식을 거둬들이지 않는 것이 첫째 도둑이요, 거두고 쌓는 일을 마치지 않는 것이 둘째 도둑이요, 일 없이 등불을 켜놓고 잠자는 것이 셋째 도둑이요, 게을러서 밭 갈지 않는 것이 넷째 도둑이요, 공력을 들이지 않는 것이 다섯째 도둑이요, 교활하고 해로운 일만 행하는 것이 여섯째 도둑이요, 딸을 너무 많이 기르는 것이 일곱째 도둑이요, 대낮에 잠자고 아침에 일어나기를 게을리 하는 것이 여덟째 도둑이요, 술을 탐하고 욕심을 즐기는 것이 아홉째 도둑이요, 심히 질투하는 것이 열째 도둑입니다."

武王曰 家無十盜而不富者는 何如닛고.
무왕왈 가무십도이불부자 하여

太公曰 人家에 必有三耗니이다.
태공왈 인가 필유삼모

武王曰 何名三耗닛고.
무왕왈 하명삼모

太公曰 倉庫漏濫不蓋하여 鼠雀亂食이
태공왈 창고루람불개 서작난식

爲一耗요 收種失時 爲二耗요
위일모 수종실시 위이모

抛撒米穀穢賤이 爲三耗니이다.
포살미곡예천 위삼모

무왕이 말하였다. "집에 열 가지 도둑이 없는데도 부유하지 못한 것은 어째서입니까?" 태공이 대답하였다. "그런 사람의 집에는 반드시 삼모가 있습니다." 무왕이 말하였다. "무엇을 삼모라고 말합니까?" 태공이 대답하였다. "창고가 새고 넘치는데도 덮지 않아 쥐와 새들이 어지럽게 먹어대는 것이 첫째의 낭비요, 거두고 씨 뿌림에 때를 놓치는 것이 둘째의 낭비요, 곡식을 버리고 흩어지게 하여 더럽히고 천하게 하는 것이 셋째의 낭비입니다."

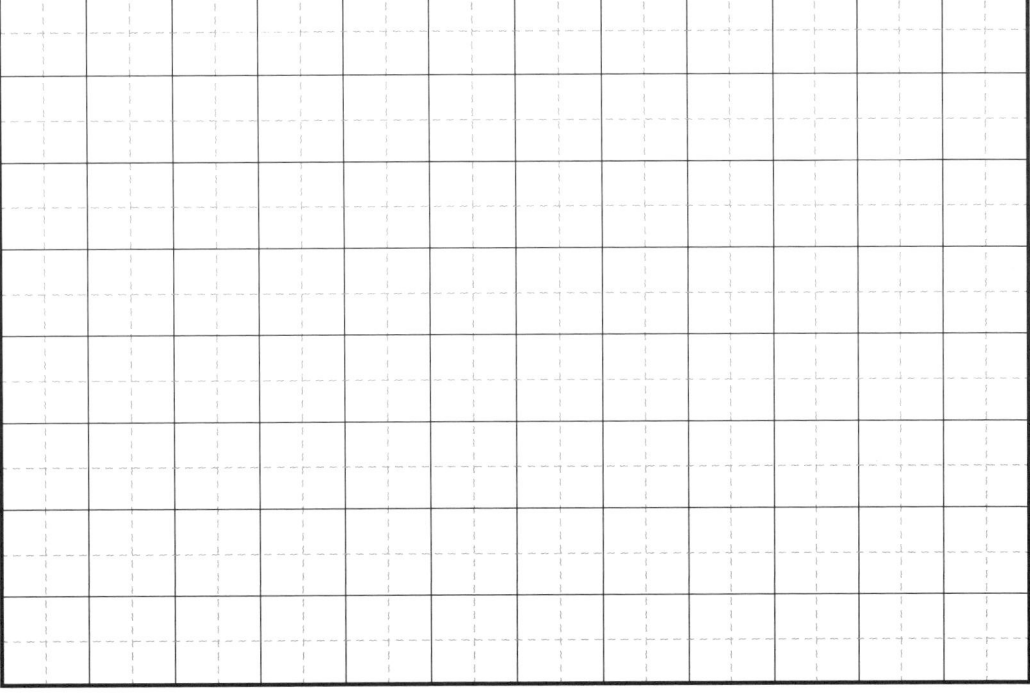

武王曰 家無三耗而不富者는 何如닛고.
무왕왈 가무삼모이불부자 하여

太公曰 人家에
태공왈 인가

必有一錯二誤三痴四失五逆六不祥七奴八
필유일착이오삼치사실오역육불상칠노팔

賤九愚十强하여 自招其禍요 非天降殃니이다.
천구우십강 자초기화 비천강앙

무왕이 물었다. "집에 삼모가 없는데도 부유하지 못한 것은 어째서입니까?" 태공이 대답하였다. "그런 사람의 집에는 반드시 첫째 그르침, 둘째 잘못, 셋째 어리석음, 넷째 과실, 다섯째 거역, 여섯째 상서롭지 못함, 일곱째 상스러움, 여덟째 천박함, 아홉째 어리석음, 열째 뻔뻔스러움이 있어서 스스로 화를 부르는 것이요, 하늘이 재앙을 내리는 것이 아닙니다."

武王曰 願悉聞之하나이다.
무왕왈 원실문지

太公曰 養男不教訓이
태공왈 양남불교훈

爲一錯이요 嬰孩不訓이 爲二誤요
위일착 영해불훈 위이오

初迎新婦不行嚴訓이 爲三痴요
초영신부불행엄훈 위삼치

未語先笑 爲四失이요 不養父母 爲五逆이요
미어선소 위사실　　　불양부모 위오역

夜起赤身이 爲六不祥이요
야기적신　위육불상

好挽他弓이 爲七奴요 愛騎他馬 爲八賤이요
호만타궁　위칠노　애기타마 위팔천

喫他酒勸他人이 爲九愚요
끽타주권타인　위구우

喫他飯命朋友가 爲十强이니다.
끽타반명붕우　위십강

武王曰 甚美誠哉라 是言也여.
무왕왈 심미성재　시언야

무왕이 말하였다. "그 내용을 다 듣기를 원합니다." 태공이 대답하였다. "아들을 기르되 가르치지 않는 것이 첫째 잘못이요, 어린아이를 훈계하지 않는 것이 둘째의 그름이요, 새 며느리를 맞아들여 엄한 가르침을 행하지 않는 것이 셋째의 어리석음이요, 말하기 전에 먼저 웃는 것이 넷째의 과실이요, 부모를 봉양하지 않는 것이 다섯째의 거스름이요, 밤에 알몸으로 일어나는 것이 여섯째의 상서롭지 못함이요, 남의 활을 당기기를 좋아하는 것이 일곱째의 상스러움이요, 남의 말을 타기를 좋아하는 것이 여덟째의 천함이요, 남의 술을 마시면서 다른 사람에게 권하는 것이 아홉째의 어리석음이요, 남의 밥을 먹으면서 벗에게 권하는 것이 열째의 뻔뻔함입니다." 무왕이 말하였다. "매우 아름답고 진실한 말씀입니다."

治政篇
치정편
(정사를 다스리는 글)

明道先生曰 一命之士 苟有存心於愛物이면 於人에 必有所濟니라.
명도선생왈 일명지사 구유존심어애물 어인 필유소제

명도 선생이 말하였다. "처음으로 벼슬을 얻은 사람이 진실로 물건을 아끼는 일에 마음을 두면 다른 사람에게 반드시 구제할 만한 바가 있다."

唐太宗御製云 上有麾之하고 中有乘之하고 下有附之하여 幣帛衣之요 倉廩食之하니 爾俸爾祿이 民膏民脂니라. 下民은 易虐이어니와 上天은 難欺니라.
당태종어제운 상유휘지 중유승지 하유부지 폐백의지 창름식지 이봉이록 민고민지 하민 이학 상천 난기

당나라 태종 『어제』에 말하였다 "위에는 지시하는 이가 있고, 중간에는 그것에 준하여 다스리는 관원이 있고, 그 아래에는 이에 따르는 백성이 있다. 예물로 받은 비단으로 옷을 지어 입고 곳간에 있는 곡식을 먹으니, 너희의 봉록은 다 백성들의 기름인 것이다. 아래에 있는 백성은 학대하기가 쉽지만, 위에 있는 푸른 하늘은 속이기 어렵다."

童蒙訓曰 當官之法이 唯有三事하니
동몽훈왈 당관지법   유유삼사

曰淸 曰愼 曰勤이니
왈청 왈신 왈근

知此三者면 知所以持身矣니라.
지차삼자   지소이지신의

『동몽훈』에 말하였다. "관리된 자가 지켜야 할 법은 오직 세 가지가 있으니 '청렴', '신중', '근면' 이다. 이 세 가지를 알면 몸가짐의 방법을 아는 것이다."

當官者는 必以暴怒爲戒하여
당관자   필이폭노위계
事有不可어든 當詳處之면 必無不中이어니와
사유불가   당상처지   필무부중
若先暴怒면 只能自害라 豈能害人이리오.
약선폭노   지능자해   기능해인

관직을 맡은 자는 반드시 갑자기 화내는 것을 경계하여, 일에 옳지 않음이 있거든 마땅히 자상하게 처리하면 반드시 맞지 않음이 없으려니와, 만약 갑자기 성내는 것을 먼저 하면 단지 스스로만을 해롭게 할 뿐이지, 어찌 남을 해칠 수 있겠는가?

事君을 如事親하며 事官長을 如事兄하며
사군   여사친   사관장   여사형
與同僚를 如家人하며 待群吏를 如奴僕하며
여동료   여가인   대군리   여노복
愛百姓을 如妻子하며
애백성   여처자
處官事를 如家事然後에 能盡吾之心이니
처관사   여가사연후   능진오지심
如有毫末不至면 皆吾心에 有所未盡也니라.
여유호말부지   개오심   유소미진야

임금 섬기기를 어버이 섬기듯 하며, 윗사람 섬기기를 형을 섬기듯 하며, 동료 대하는 것을 집안사람같이 하며, 낮은 벼슬아치 대하기를 자기 집 노복같이 하며, 백성 사랑하기를 처자식같이 하며, 관청의 일을 처리하기를 내 집안일처럼 하고 난 뒤에야 내 마음을 다했다고 할 수 있다. 만약 털끝만큼이라도 지극하지 못함이 있으면 모두 내 마음에 다하지 못한 바가 있는 것이다.

或問 簿는 佐令者也니
簿所欲爲를 令或不從이면 奈何닛고.
伊川先生曰 當以誠意動之니라.
今令與簿不和는 便是爭私意요
令은 是邑之長이니
若能以事父兄之道로 事之하여

過則歸己하고 善則唯恐不歸於令하여
과 즉 귀 기   선 즉 유 공 불 귀 어 령
積此誠意면 豈有不動得人이리오.
적 차 성 의   기 유 부 동 득 인

어떤 사람이 물었다. "부는 현령을 보좌하는 자입니다. 부가 하고자 하는 바를 현령이 혹시 따르지 않으면 어떻게 합니까?" 이천 선생이 대답하였다. "마땅히 성의로써 그를 움직여야 할 것이다. 이제 현령과 부가 화합하지 않는 것은 곧 사사로운 마음으로 다투어서이다. 현령은 고을의 우두머리이니 만약 부형을 섬기는 도리로 섬겨서, 허물은 자신에게로 돌리고 잘한 것은 행여 현령에게로 돌아가지 않을까 두려워하는 마음을 가지고 이와 같은 성의를 쌓는다면 어찌 사람을 감동시키지 못함이 있겠는가?"

劉安禮問臨民한대
유 안 례 문 림 민
明道先生曰 使民으로 各得輸其情이니라.
명 도 선 생 왈   사 민   각 득 수 기 정
問御吏한대 曰 正己以格物이니라.
문 어 리   왈 정 기 이 격 물

유안례가 백성에 임하는 도리를 묻자, 명도 선생이 말하였다. "백성으로 하여금 각각 그들의 뜻을 아뢸 수 있도록 하는 것이다." 아전을 거느리는 도리를 묻자, 대답하였다. "자기를 바르게 함으로써 남을 바르게 하는 것이다."

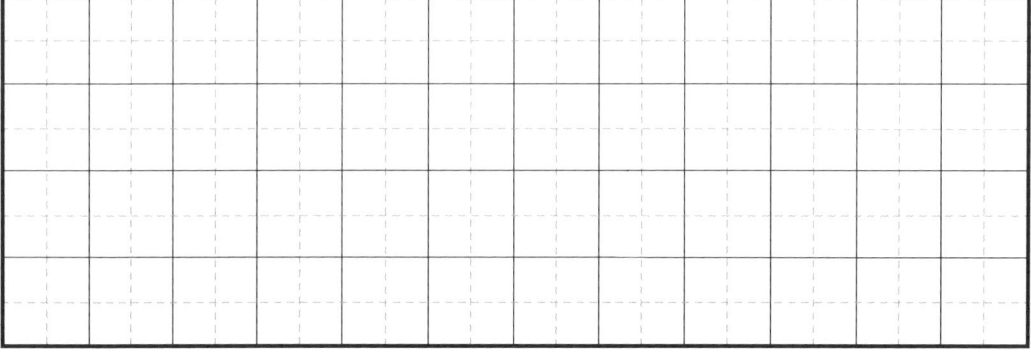

抱朴子曰 迎斧鉞而正諫하며
포박자왈 영부월이정간
據鼎鑊而盡言이면 此謂忠臣也이니라.
거정확이진언　　　차위충신야

『포박자』에 말하였다. "도끼를 맞더라도 바르게 간언하며, 솥에 넣어지더라도 옳은 말을 하면 이것을 충신이라 이른다."

治家篇

치가편
(집안을 다스리는 글)

司馬溫公曰 凡諸卑幼 事無大小이요
사마온공왈 범제비유 사무대소
毋得專行하고 必咨稟於家長이니라.
무득전행　　　필자품어가장

사마온공이 말하였다. "무릇 손아래 사람들은 일의 크고 작음이 없이 제멋대로 행동하지 말고 반드시 집안 어른에게 여쭈어야 한다."

待客엔 不得不豊이요 治家엔 不得不儉이니라.
대객 부득불풍   치가 부득불검

손님을 접대함에는 풍성하게 하지 않을 수 없으며, 가정을 다스림에는 검소하지 않을 수 없다.

太公曰 痴人은 畏婦하고 賢女는 敬夫니라.
태공왈 치인 외부   현녀 경부

태공이 말하였다. "어리석은 사람은 아내를 두려워하고, 현명한 여자는 남편을 공경한다."

凡使奴僕에 先念飢寒이니라.
범사노복   선념기한

무릇 노복을 부릴 때는 먼저 배고픔과 추위를 생각하라.

子孝雙親樂이요 家和萬事成이니라.
자효쌍친락   가화만사성

자식이 효도하면 어버이가 즐겁고, 집안이 화목하면 모든 일이 이루어진다.

時時防火發하고 夜夜備賊來니라.
시시방화발   야야비적래

때때로 불이 나는 것을 막고, 밤마다 도적이 오는 것을 방비하라.

景行錄云 觀朝夕之早晏하여
경행록운 관조석지조안
可以卜人家之興替니라.
가이복인가지흥체

『경행록』에 말하였다. "아침저녁의 이르고 늦음을 보아, 그 사람의 집안이 흥하고 쇠함을 알 수 있다."

文中子曰 婚娶而論財는 夷虜之道也니라.
문중자왈 혼취이론재   이로지도야

문중자가 말하였다. "혼인하고 장가드는 데 재물을 논하는 것은 오랑캐의 도이다."

安義篇
안의편
(의리를 편안히 여기는 글)

顔氏家訓曰 夫有人民而後에 有夫婦하고
안씨가훈왈   부유인민이후   유부부
有夫婦而後에 有父子하고 有父子而後에
유부부이후   유부자   유부자이후
有兄弟하니 一家之親은 此三者而已矣라
유형제   일가지친   차삼자이이의
自兹以往으로 至于九族이 皆本於三親焉이라
자자이왕   지우구족   개본어삼친언
故로 於人倫에 爲重也니 不可不篤이니라.
고   어인륜   위중야   불가불독

『안씨가훈』에 말하였다. "백성이 있은 뒤에 부부가 있고 부부가 있은 뒤에 부자가 있고 부자가 있은 뒤에 형제가 있나니, 한 집안의 친한 관계는 이 세 가지뿐이다. 이로부터 나아가 구족에 이르기까지 모두 이 삼친에 뿌리를 두고 있다. 그러므로 인륜에 있어서 가장 중요한 것이니 돈독하게 하지 않을 수 없다."

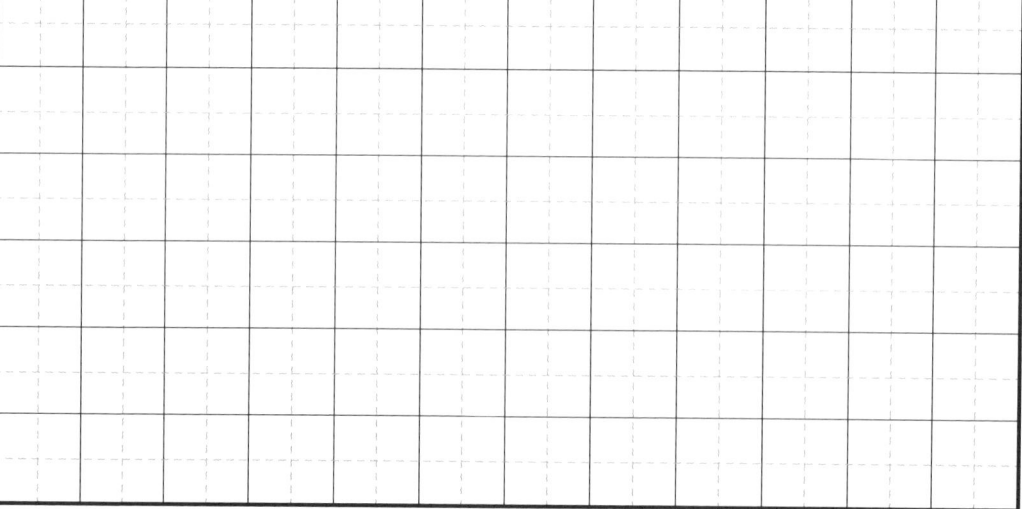

*三親 삼친 : 부부·부자·형제

莊子曰 兄弟는 爲手足하고 夫婦는 爲衣服이니
장자왈 형제 위수족   부부 위의복

衣服破時엔 更得新이어니와
의복파시   갱득신

手足斷處엔 難可續이니라.
수족단처   난가속

장자가 말하였다. "형제는 손발과 같고 부부는 의복과 같으니, 의복이 떨어졌을 때는 새 것으로 갈아입을 수 있지만, 손발이 잘라진 곳은 잇기가 어렵다."

蘇東坡云 富不親兮貧不疎는
소동파운 부불친혜빈불소

此是人間大丈夫요
차시인간대장부

富則進兮貧則退는 此是人間眞小輩니라.
부즉진혜빈즉퇴   차시인간진소배

소동파가 말하였다. "부유하다고 친하지 않으며 가난하다고 멀리하지 않음은 이것이 바로 인간으로서의 대장부요, 부유해서 찾아오고 가난해서 멀리하는 것은 인간 중에 참으로 소인배이다."

遵禮篇

준례편
(예를 따르는 글)

子曰 居家有禮故로 長幼辨하고
자왈 거가유례고 장유변
閨門有禮故로 三族*和하고
규문유례고 삼족화
朝廷有禮故로 官爵序하고 田獵有禮故로
조정유례고 관작서 전렵유례고
戎事閑하고 軍旅有禮故로 武功成이니라.
융사한 군려유례고 무공성

공자가 말하였다. "한 집안에 예가 있으므로 어른과 어린이가 분별이 있고, 안방에 예가 있으므로 삼족이 화목하고, 조정에 예가 있으므로 벼슬의 차례가 있고, 사냥하는 데 예가 있으므로 군대의 일이 숙달되고, 군대에 예가 있으므로 무공이 이루어진다."

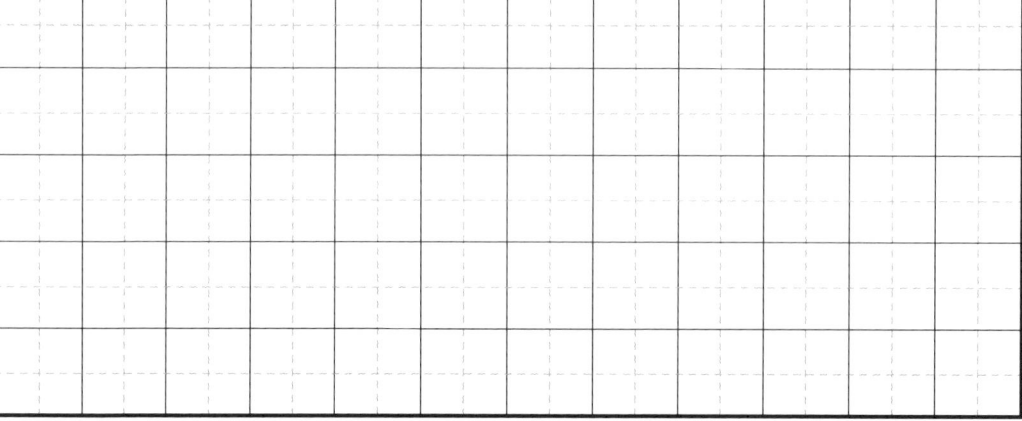

*三族 삼족 : 부모 · 형제 · 자손.

子曰 君子有勇而無禮면 爲亂하고
자왈 군자유용이무례 위란

小人有勇而無禮면 爲盜니라.
소인유용이무례 위도

공자가 말하였다. "군자가 용맹만 있고 예가 없으면 난리를 일으키고, 소인이 용맹만 있고 예가 없으면 도둑질을 한다."

曾子曰 朝廷엔 莫如爵이요 鄕黨엔 莫如齒요
증자왈 조정 막여작 향당 막여치

輔世長民엔 莫如德이니라.
보세장민 막여덕

증자가 말하였다. "조정에는 벼슬만 한 것이 없고, 고을에는 나이만 한 것이 없으며, 세상을 돕고 백성을 다스리는 데는 덕만 한 것이 없다."

老少長幼는 天分秩序니
노소장유 천분질서

不可悖理而傷道也니라.
불가패리이상도야

늙은이와 젊은이, 어른과 어린이는 하늘이 정한 차례이니, 이치를 어기고 도를 손상시켜서는 안 된다.

出門에 如見大賓하고 入室에 如有人이니라.
출문 여견대빈 입실 여유인

문을 나갈 때는 귀중한 손님을 만나는 것처럼 하고, 방으로 들 때는 사람이 있는 것처럼 하라.

若要人重我인대 無過我重人이니라.
약요인중아 무과아중인

만약 남이 나를 중히 여기기를 바란다면 내가 먼저 남을 중히 여기는 것보다 더 나은 게 없다.

父不言子之德하며 子不談父之過니라.
부불언자지덕 자부담부지과

아버지는 아들의 덕을 말하지 않으며, 자식은 아버지의 허물을 말하지 않는 법이다.

言語篇

언어편
(말을 조심하는 글)

劉會曰 言不中理면 不如不言이니라.
유 회 왈 언 부 중 리   불 여 불 언

유회가 말하였다. "말이 이치에 맞지 않으면, 말하지 아니함만 못하다."

一言不中이면 千語無用이니라.
일 언 부 중   천 어 무 용

한 마디 말이 맞지 않으면, 천 마디 말도 쓸모가 없다.

君平曰 口舌者는 禍患之門이요
군평왈 구설자 화환지문

滅身之斧也니라.
멸신지부야

군평이 말하였다. "입과 혀는 재앙과 근심의 문이요, 몸을 망치는 도끼이다."

利人之言은 煖如綿絮하고
이인지언 난여면서

傷人之語는 利如荊棘하여
상인지어 이여형극

一言半句에 重値千金이요
일언반구 중치천금

一語傷人에 痛如刀割이니라.
일어상인 통여도할

사람을 이롭게 하는 말은 솜처럼 따뜻하고, 사람을 상하게 하는 말은 가시처럼 날카롭다. 한 마디 말이 사람을 이롭게 함은 천금과 같이 소중하고, 한 마디 말이 사람을 속상하게 함은 칼로 베는 것과 같이 아프다.

口是傷人斧요 言是割舌刀니
구시상인부　언시할설도
閉口深藏舌이면 安身處處牢니라.
폐구심장설　　안신처처뢰

입은 사람을 상하게 하는 도끼요, 말은 혀를 베는 칼이니, 입을 막고 혀를 깊이 감추면 몸을 어디에 두나 편안하다.

逢人에 且說三分話하고 未可全抛一片心이니
봉인　차설삼분화　　　미가전포일편심
不怕虎生三個口요 只恐人情兩樣心이니라.
불파호생삼개구　　지공인정양양심

사람을 만나거든 우선 말을 3할 만하되 자기가 지니고 있는 한 조각 마음을 다 털어 버리지 말지니, 호랑이가 세 번 입을 벌리는 것을 두려워 말고 단지 사람의 두 마음을 두려워 하라.

酒逢知己千鍾少요 話不投機一句多니라.
주봉지기천종소　화불투기일구다

술은 나를 알아주는 친구를 만나면 천 잔도 적고, 말은 뜻이 통하지 않으면 한 마디도 많다.

交友篇

교우편
(벗을 사귐에 대한 글)

子曰 與善人居면 如入芝蘭之室하여
자왈 여선인거 여입지란지실

久而不聞其香이나 卽與之化矣요
구이불문기향 즉여지화의

與不善人居면 如入鮑魚之肆하여
여불선인거 여입포어지사

久而不聞其臭나 亦與之化矣니
구이불문기취 역여지화의

丹之所藏者는 赤하고 漆之所藏者는 黑이라
단지소장자 적 칠지소장자 흑

是以로 君子는 必愼其所與處者焉이니라.
시이 군자 필신기소여처자언

공자가 말하였다. "선한 사람과 같이 거처하면 지초와 난초가 있는 방안에 들어간 것과 같아서 오래되면 그 냄새를 맡지 못하나 곧 그 향기와 더불어 동화되고, 선하지 못한 사람과 같이 있으면 생선 가게에 들어간 것과 같아서 오래되면 그 악취를 맡지 못하나 또한 그 냄새와 더불어 동화되나니, 붉은 단사를 지니면 붉어지고 검은 옻을 지니면 검어진다. 그러므로 군자는 반드시 함께 있는 자를 삼가야 한다."

家語云 與好學人同行이면
가어운 여호학인동행

如霧中行하여 雖不濕衣라도
여무중행 수불습의

時時有潤하고
시시유윤

與無識人同行이면 如厠中坐하여
여무식인동행 여측중좌

雖不汚衣라도 時時聞臭니라.
수불오의 시시문취

『가어』에 말하였다. "학문을 좋아하는 사람과 동행하면 마치 안개 속을 가는 것과 같아서 비록 옷은 젖지 않더라도 때때로 물기가 배어들지만, 무식한 사람과 동행하면 마치 뒷간에 앉은 것 같아서 비록 옷은 더럽히지 않더라도 때때로 그 냄새를 맡게 된다."

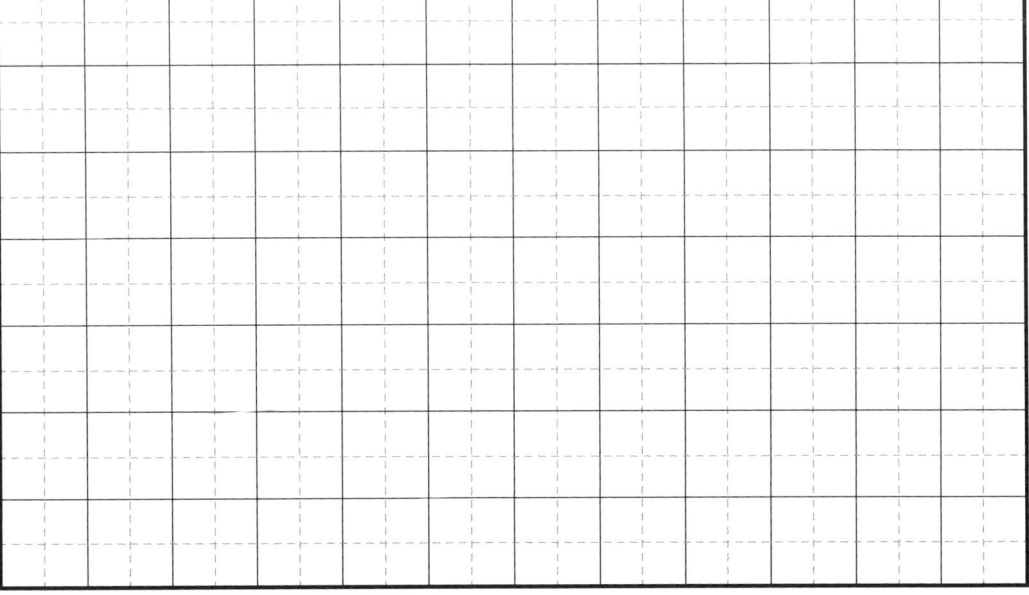

子曰 晏平仲은 善與人交로다 久而敬之온여.
자왈 안평중   선여인교   구이경지

공자가 말하였다. "안평중은 사람과 사귀기를 잘한다. 오래되어도 그를 공경하는구나."

相識이 滿天下하되 知心能幾人고.
상식   만천하   지심능기인

서로 얼굴을 아는 사람은 온 세상에 가득하지만 마음을 알아주는 사람이 몇이나 되겠는가?

酒食兄弟는 千個有로되
주식형제   천개유
急難之朋은 一個無니라.
급난지붕   일개무

술이나 음식을 함께할 때 형제 같은 친구는 많으나, 급하고 어려울 때 도와줄 친구는 하나도 없다.

不結子花는 休要種이요
불 결 자 화   휴 요 종
無義之朋은 不可交니라.
무 의 지 붕   불 가 교

열매를 맺지 않는 꽃은 심지 말고, 의리 없는 친구는 사귀지 말라.

君子之交는 淡如水하고
군 자 지 교   담 여 수
小人之交는 甘若醴니라.
소 인 지 교   감 약 례

군자의 사귐은 담박하기가 물 같고, 소인의 사귐은 달콤하기가 단술 같다.

路遙知馬力이요 日久見人心이니라.
노 요 지 마 력   일 구 견 인 심

길이 멀어야 말의 힘을 알고, 날이 오래되어야 사람의 마음을 볼 수 있다.

婦行篇

부행편
(부녀자의 행실에 대한 글)

益智書云 女有四德之譽하니 一曰婦德이요
익지서운 여유사덕지예 일왈부덕

二曰婦容이요 三曰婦言이요 四曰婦工也니라.
이왈부용 삼왈부언 사왈부공야

婦德者는 不必才名絶異요
부덕자 불필재명절이

婦容者는 不必顔色美麗요
부용자 불필안색미려

婦言者는 不必辯口利詞요
부언자 불필변구리사

婦工者는 不必技巧過人也니라.
부공자 불필기교과인야

其婦德者는 淸貞廉節하여 守分整齊하고
기부덕자 청정염절 수분정제

行止有恥하며 動靜有法이니 此爲婦德也요
행지유치 동정유법 차위부덕야

婦容者는 洗浣塵垢하여 衣服鮮潔하며
부용자 세완진구 의복선결

沐浴及時하여 一身無穢니 此爲婦容也요
목욕급시 일신무예 차위부용야

婦言者는 擇師而說하여 不談非禮하고
부언자 택사이설 부담비례

時然後言하여 人不厭其言이니 此爲婦言也요
시연후언 인불염기언 차위부언야

婦工者는 專勤紡績하고 勿好葷酒하며
부공자 전근방적 물호훈주

供具甘旨하여 以奉賓客이니 此爲婦工也니라.
공구감지 이봉빈객 차위부공야

此四德者는 是婦人之所不可缺者라
차사덕자 시부인지소불가결자

爲之甚易하고 務之在正하니
위지심이 무지재정

依此而行이면 是爲婦節이니라.
의차이행 시위부절

『익지서』에 말하였다. "여자에게는 네 가지 아름다운 덕이 있으니, 첫째는 부덕이요, 둘째는 부용이요, 셋째는 부언이요, 넷째는 부공이다." 부덕이란 반드시 재주와 이름이 뛰어남을 말하는 것은 아니요, 부용이란 반드시 얼굴이 아름답고 고움을 말하는 것이 아니요, 부언이란 반드시 말솜씨가 좋고 말 잘하는 것은 아니요, 부공이란 반드시 손재주가 다른 사람보다 뛰어남을 말하는 것은 아니다. 그 부덕이란 맑고 곧고 청렴하고 절개가 있어 분수를 지키고 몸가짐을 바르게 하며, 행동거지에 염치가 있고 움직임에 법도가 있는 것이니, 이것이 부덕이다. 부용이란 먼지나 때를 깨끗이 씻어 옷차림을 정결하게 하며, 목욕을 제때에 하여 몸에 더러움이 없게 하는 것이니, 이것이 부용이다. 부언이란 본받을 만한 것을 가려 말하며 예의에 어긋나는 말은 하지 않고, 꼭 해야 할 때가 된 뒤에 말해서 사람들이 그의 말을 싫어하지 않는 것이니, 이것이 부언이다. 부공이란 오로지 길쌈을 부지런히 하고 마늘과 술을 좋아하지 않으며, 맛있는 음식을 갖추어 손님을 받드는 것이니, 이것이 부공이다. 이 네 가지 덕은 부녀자로서 빠뜨릴 수 없는 것이다. 행하기 매우 쉽고 힘씀이 바른 데 있으니, 이에 따라 행한다면 이것이 부녀자로서의 범절이 된다.

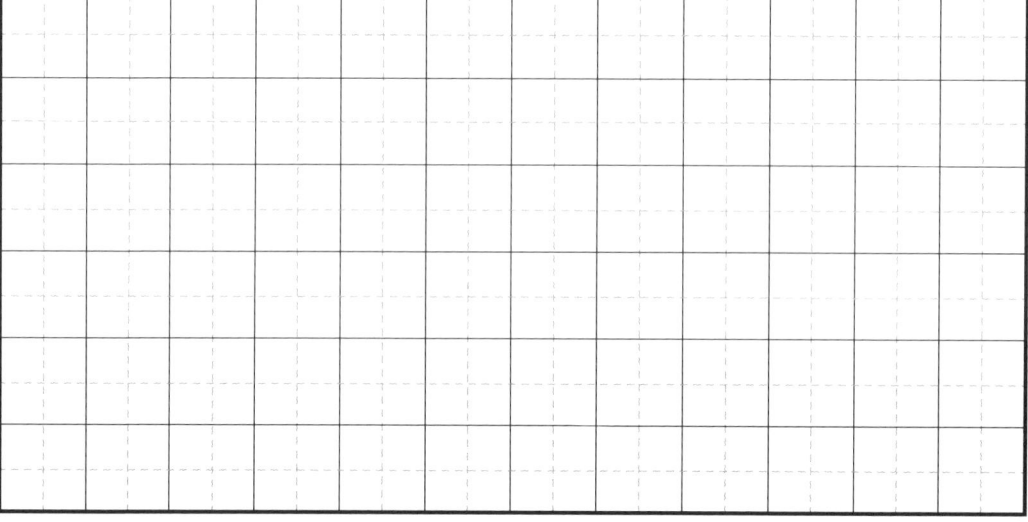

太公曰 婦人之禮는 語必細니라.
태공왈 부인지례 어필세

태공이 말하였다. "부인의 예절은 말소리가 반드시 가늘어야 한다."

賢婦는 令夫貴요 惡婦는 令夫賤이라.
현부 영부귀 악부 영부천

어진 부인은 남편을 귀하게 하고, 간악한 아내는 남편을 천하게 한다.

家有賢妻면 夫不遭橫禍니라.
가유현처 부부조횡화

집에 어진 아내가 있으면 그 남편이 뜻밖의 재앙을 만나지 않는다.

賢婦는 和六親*하고 佞婦는 破六親이니라.
현부 화육친 영부 파육친

어진 부인은 육친을 화목하게 하고, 간악한 부인은 육친의 화목을 깨뜨린다.

---

*六親 육친 : 부모형제처자(父母兄弟妻子).

增補篇
증보편

周易曰 善不積이면 不足以成名이요
주역왈 선부적 부족이성명

惡不積이면 不足以滅身이어늘
악부적 부족이멸신

小人은 以小善으로 爲无益而弗爲也하고
소인 이소선 위무익이불위야

以小惡으로 爲无傷而弗去也니라.
이소악 위무상이불거야

故로 惡積而不可掩이요 罪大而不可解니라.
고 악적이불가엄 죄대이불가해

『주역』에 말하였다. "선을 쌓지 않으면 이름을 이룰 수 없을 것이요, 악을 쌓지 않으면 몸을 망치지 않을 수 있거늘, 소인은 자그마한 선은 유익함이 없다고 하여 행하지 않고, 자그마한 악을 해로움이 없다 하여 버리지 않는다. 그러므로 악은 쌓여 가릴 수 없게 되고 죄가 커져 풀지 못한다."

履霜하면 堅氷至하나니 臣弑其君하며
이상   견빙지   신시기군

子弑其父는 非一朝一夕之事라
자시기부   비일단일석지사

其由來者漸矣니라.
기유래자점의

서리를 밟으면 얼음이 얼 때에 이르나니, 신하가 그 임금을 죽이며 자식이 그 아비를 죽이는 것이 하루아침이나 하루저녁에 이루어지는 일이 아니라, 그 유래하는 것이 점진적이다.

八反歌篇

팔반가편
(반성을 위한 노래)

幼兒 或詈我하면 我心에 覺懽喜하고
유아 혹리아 아심 각환희

父母 嗔怒我하면 我心에 反不甘이라.
부모 진노아 아심 반불감

一懽喜一不甘하니
일환희일불감

待兒待父心何懸고
대아대부심하현

勸君今日逢親怒어든
권군금일봉친노

也應將親作兒看하라.
야응장친작아간

어린아이가 혹 나를 꾸짖으면 나는 마음에 기쁨을 느끼게 되고, 부모가 나를 꾸짖고 성내면 나의 마음은 도리어 달갑지 않네. 하나는 기쁘고 또 하나는 달갑지 아니하니, 아이를 대하고 어버이를 대하는 마음이 어찌 그다지도 현격*한가? 그대에게 권고하노니, 이제 어버이의 노여워함을 만나거든 또한 마땅히 어버이를 어린아이로 바꾸어 보라.

*현격 懸隔 ; 거리가 멀거나 차이가 큼.

兒曹는 出千言하되 君聽常不厭하고
아조   출천언   군청상불염

父母는 一開口하면 便道多閑管이라
부모   일개구   변도다한관

非閑管親掛牽이니
비한관친괘견

皓首白頭에 多諳諫이라.
호수백두   다암련

勸君敬奉老人言하고
권군경봉노인언

莫教乳口爭長短하라.
막교유구쟁장단

어린아이들은 여러 말을 하되 그대는 들으면서 늘 싫어하지 않고, 어버이는 한 번만 말을 하여도 잔소리가 많다고 한다. 쓸데없는 참견이 아니라 어버이가 마음에 걸리고 끌려서이니, 흰머리가 되도록 긴 세월에 아는 것이 많아서다. 그대에게 권하노니 늙은 사람의 말을 공경하여 받들고, 젖내 나는 입으로 길고 짧음을 다투지 말라.

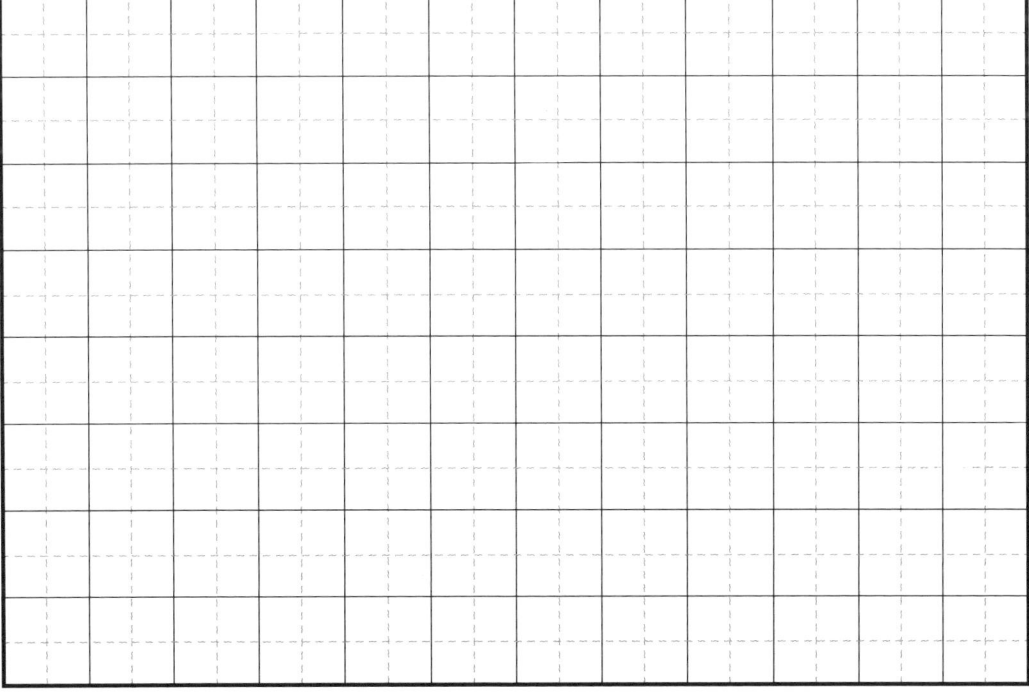

幼兒尿糞穢는 君心에 無厭忌로되
유 아 뇨 분 예   군 심   무 염 기

老親涕唾零엔 反有憎嫌意라
노 친 체 타 령   반 유 증 혐 의

六尺軀來何處오
육 척 구 래 하 처

父精母血成汝體니라
부 정 모 혈 성 여 체

勸君敬待老來人하라
권 군 경 대 로 래 인

壯時爲爾筋骨敝니라.
장 시 위 이 근 골 폐

어린아이의 오줌과 똥은 더러워도 그대 마음에 싫어하거나 꺼림이 없고, 늙은 어버이의 눈물과 침이 떨어지는 것은 도리어 미워하고 싫어하는 마음이 있다. 여섯 자의 몸이 어디서 왔는고. 아버지의 정기와 어머니의 피로 그대의 몸이 이루어졌다. 그대에게 권하노니, 늙어가는 사람을 공경하여 대접하라. 젊었을 때 그대를 위하여 살과 뼈가 닳으셨도다.

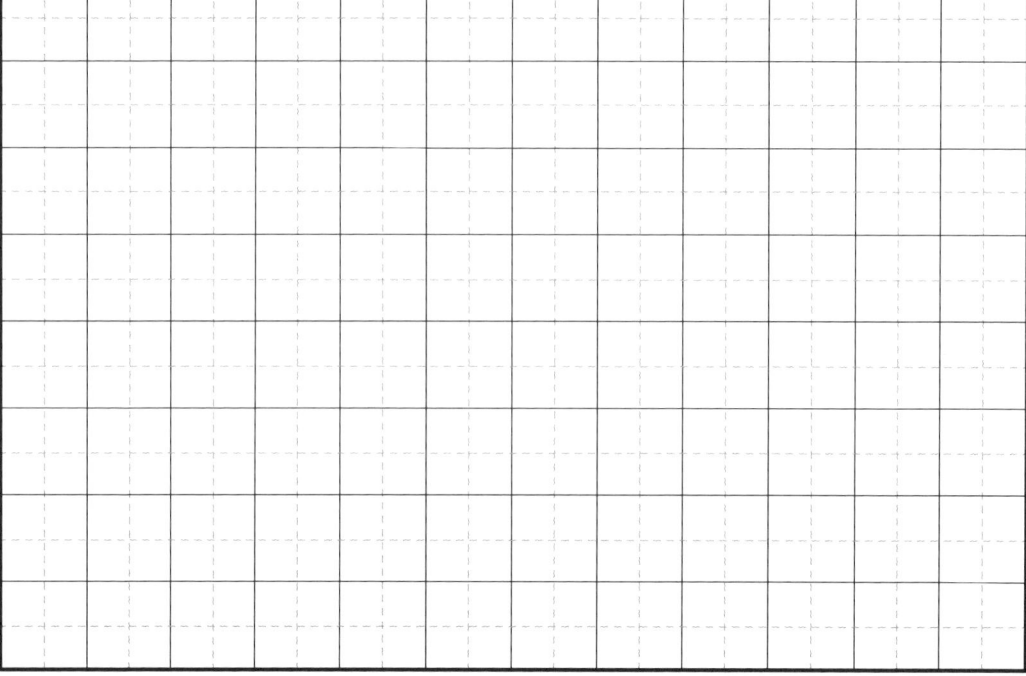

看君晨入市하여 買餅又買餻하니
간군신입시　　매병우매고

少聞供父母하고 多說供兒曹라
소문공부모　　다설공아조

親未啖兒先飽하니
친미담아선포

子心이 不比親心好라
자심　불비친심호

勸君多出買餅錢하여
권군다출매병전

供養白頭光陰少하라.
공양백두광음소

그대가 새벽에 시장에 들어가 밀가루 떡을 사고 또 흰떡을 사는 것을 보니, 부모에게 드린다는 말은 들리지 않고 아이들에게 준다고 대부분 말한다. 어버이는 아직 맛보지도 않았는데 아이들이 먼저 배부르니, 자식의 마음은 부모의 마음이 좋아하는 것에 비할 수 없다. 그대에게 권하노니, 떡 살 돈을 많이 내어 흰머리에 살날이 얼마 남지 않은 어버이를 공양하라.

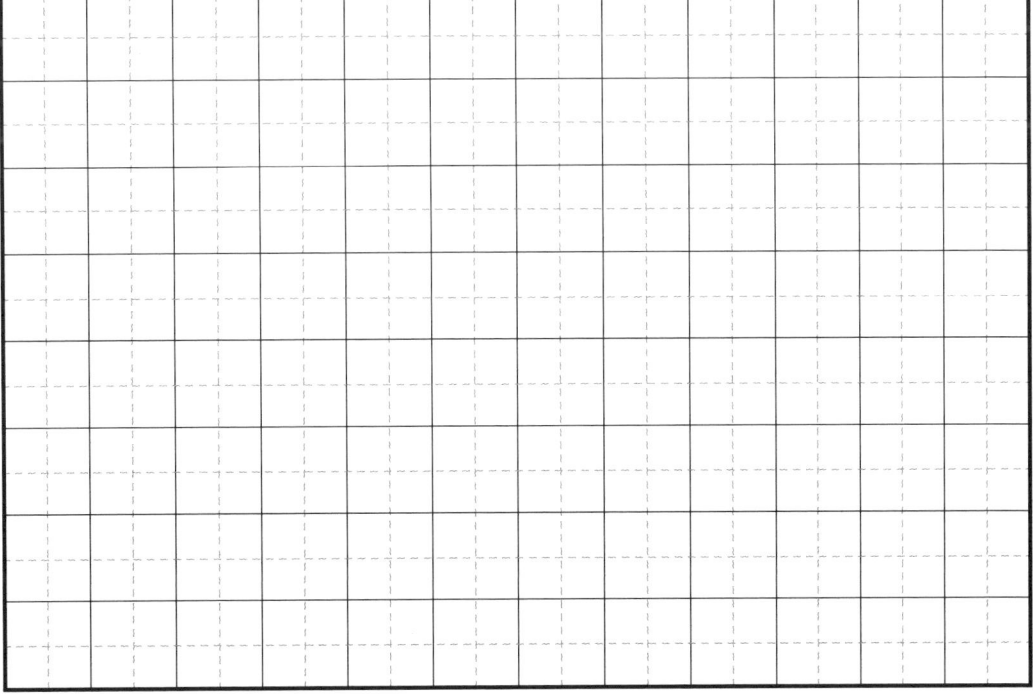

市間賣藥肆에 惟有肥兒丸하고
시간매약사 유유비아환

未有壯親者하니 何故兩般看고
미유장친자 하고량반간

兒亦病親亦病에
아역병친역병

醫兒不比醫親症이라
의아불비의친증

割股還是親的肉이니
할고환시친적육

勸君亟保雙親命하라.
권군극보쌍친명

시장에 약 파는 가게에는 오직 아이를 살찌게 하는 환약만 있고, 어버이를 튼튼하게 하는 약은 없으니, 무슨 까닭에 두 가지로 달리 보는가? 아이도 병들고 어버이도 병들었을 때 아이의 병을 고치는 것이 어버이의 병을 고치는 것에 비할 수 없다. 다리를 베더라도 여전히 어버이가 주신 살이니 그대에게 권하노니 빨리 어버이의 목숨을 보호하라.

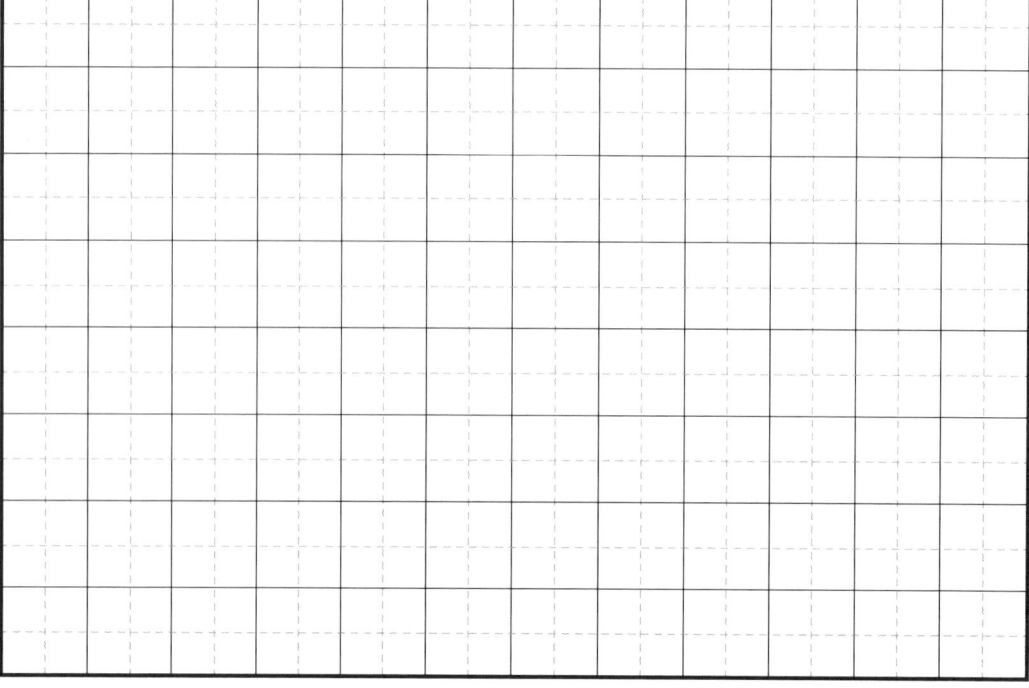

富貴엔 養親易로되 親常有未安하고
부귀 양친이 친상유미안

貧賤엔 養兒難하되 兒不受饑寒이라
빈천 양아난 아불수기한

一條心兩條路에
일조심양조로

爲兒終不如爲父라
위아종불여위부

勸君養親如養兒하고
권군양친여양아

凡事를 莫推家不富하라.
범사 막추가불부

부귀하면 어버이를 봉양하기가 쉽되 어버이는 항상 편하지 못한 마음이 있고, 가난하고 천하면 아이를 기르기가 어렵되 아이는 배고픔과 추위를 겪지 않는다. 한 가지 마음 두 가지 길에 아이를 위함이 마침내 어버이를 위함만 같지 못하다. 그대에게 권하노니, 두 어버이 섬기기를 아이를 기르는 것과 같이 하고, 모든 일을 집이 넉넉하지 못하다고 미루지 말라.

養親엔 只二人이로되 常與兄弟爭하고
양 친   지 이 인   상 여 형 제 쟁

養兒엔 雖十人이나 君皆獨自任이라
양 아   수 십 인   군 개 독 자 임

兒飽煖親常問하되
아 포 난 친 상 문

父母饑寒不在心이라
부 모 기 한 부 재 심

勸君養親을 須竭力하라
권 군 양 친   수 갈 력

當初衣食이 被君侵이니라.
당 초 의 식   피 군 침

어버이를 봉양함엔 다만 두 분인데 늘 형제들과 다투고, 아이를 기름엔 비록 열 명이더라도 그대가 모두 혼자 스스로 맡는다. 아이에게 배부르고 따뜻한가는 친히 늘 묻되, 부모의 배고프고 추운 것은 마음에 있지 않다. 그대에게 권하노니, 부모를 봉양함에 반드시 힘을 다하라. 애초에 입을 것과 먹을 것을 그대에게 빼앗겼다.

親有十分慈하되 君不念其恩하고
친 유 십 분 자 　 군 불 념 기 은

兒有一分孝하면 君就揚其名이라
아 유 일 분 효 　 군 취 양 기 명

待親暗待兒明하니
대 친 암 대 아 명

誰識高堂養子心고
수 식 고 당 양 자 심

勸君漫信兒曹孝하라.
권 군 만 신 아 조 효

兒曹樣子在君身이니라.
아 조 양 자 재 군 신

어버이는 지극히 자애로우나 그대는 그 은혜를 생각하지 아니하고, 자식이 조금이라도 효도함이 있으면 그대는 곧 그 이름을 드러낸다. 어버이를 대접함엔 어둡고 자식을 대함엔 밝으니, 누가 어버이의 자식 기르는 마음을 알까? 그대에게 권하노니, 아이들의 효도를 믿지 말라. 아이들의 본보기가 그대 자신에게 있다.

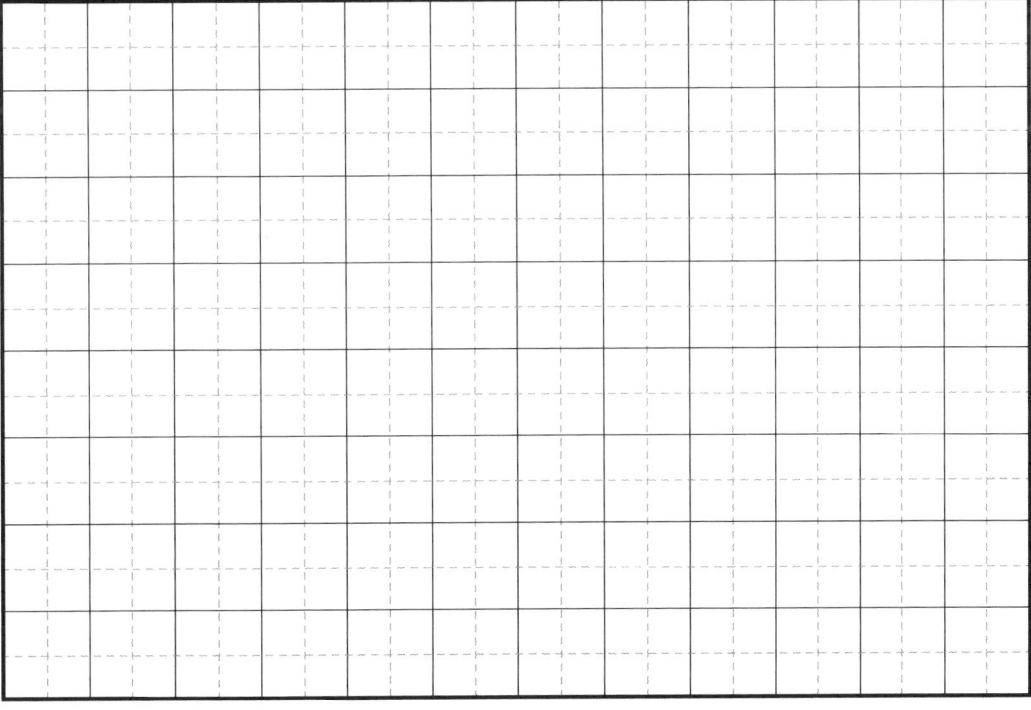

廉義篇

염의편
(청렴에 대한 글)

印觀이 賣綿於市할새
인관   매면어시

有署調者以穀買之而還이러니
유서조자이곡매지이환

有鳶이 攫其綿하여 墮印觀家어늘
유연   확기면   타인관가

印觀이 歸于署調曰 鳶墮汝綿於吾家라
인관   귀우서조왈 연타여면어오가

故로 還汝하노라.
고   환여

署調曰 鳶이 攫綿與汝는 天也라 吾何受爲리오.
서 조 왈   연   확 면 여 여   천 야   오 하 위 수

印觀曰 然則還汝穀하리라.
인 관 왈 연 즉 환 여 곡

署調曰 吾與汝者市二日이니
서 조 왈 오 여 여 자 시 이 일

穀已屬汝矣라 하고
곡 이 속 여 의

二人이 相讓이라가 幷棄於市하니
이 인   상 양   병 기 어 시

掌市官이 以聞王하여 並賜爵하니라.
장 시 관   이 문 왕   병 사 작

인관이 시장에서 솜을 파는데 서조라는 사람이 곡식으로 솜을 사서 돌아가더니 솔개가 그 솜을 채 가지고 인관의 집에 떨어뜨렸다. 인관이 서조에게 솜을 돌려보내며 말하기를, "솔개가 너의 솜을 내 집에 떨어뜨렸으므로 너에게 돌려보낸다." 하니, 서조는 말하기를, "솔개가 솜을 채다가 너에게 준 것은 하늘이 한 일이다. 내가 어찌 받겠는가?" 하였다. 인관이 말하기를, "그렇다면 너의 곡식을 돌려보내겠다." 하자, 서조가 말하기를, "내가 너에게 준 지가 벌써 두 장이 지났으니, 곡식은 이미 너에게 귀속되었다." 하였다. 두 사람이 서로 사양하다가 솜과 곡식을 다 함께 장에 버리니, 시장을 맡아 다스리는 관원이 이 사실을 임금께 아뢰어 모두 벼슬을 주었다.

洪公耆燮이 少貧甚無聊러니 一日朝에
홍공기섭 소빈심무료 일일조

婢兒踊躍獻七兩錢曰 此在鼎中하니
비아용약헌칠량전왈 차재정중

米可數石이요 柴可數馱니 天賜니이다.
미가수석 시가수태 천사

公驚曰 是何金고 하고
공경왈 시하금

卽書失金人推去等字하여
즉서실금인추거등자

付之門楣而待러니
부지문미이대

俄而姓劉者來問書意어늘
아이성유자래문서의

公悉言之한대
공실언지

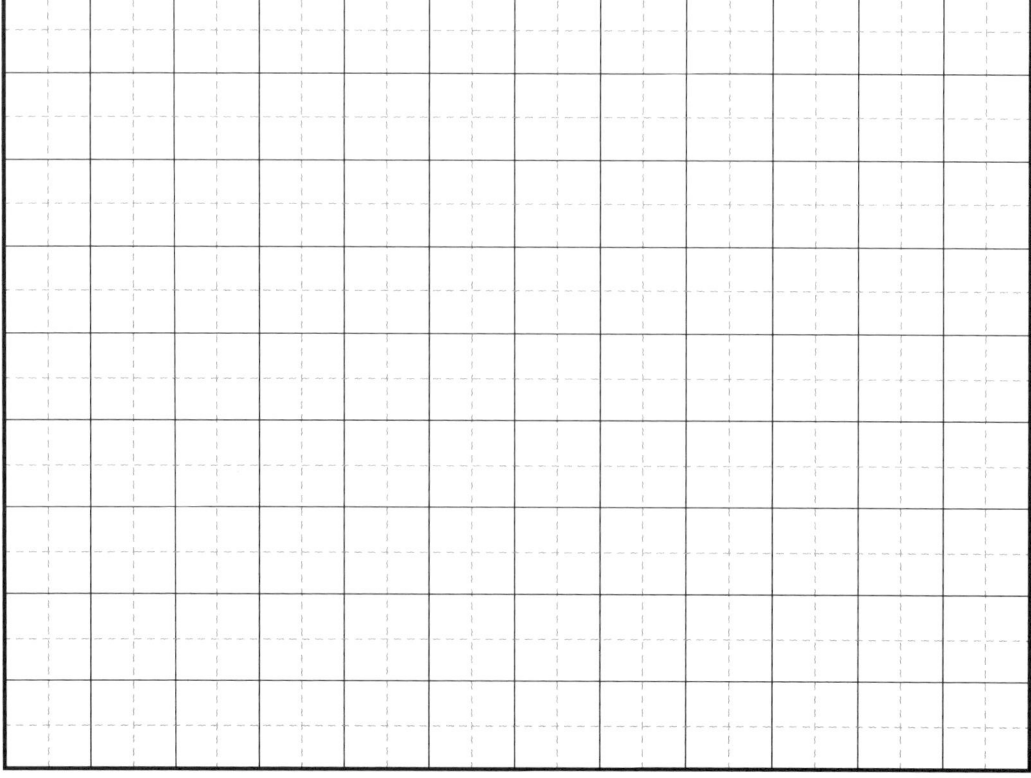

劉曰 理無失金於人之鼎內하니
유왈 이무실금어인지정내

果天賜也라 盍取之닛고.
과천사야 합취지

公曰 非吾物에 何오 劉俯伏曰 小的이
공왈 비오물 하 유부복왈 소적

昨夜에 爲窃鼎來라가
작야 위절정래

還憐家勢蕭條而施之러니
환련가세소조이시지

今感公之廉价하고 良心自發하여
금감공지염개 양심자발

誓不更盜하고 願欲常侍하오니 勿慮取之하소서.
서불갱도 원욕상시 물려취지

公卽還金曰 汝之爲良則善矣나
공즉환금왈 여지위양즉선의

金不可取라 하고 終不受하니라.
後에 公爲判書하고 其子在龍이
爲憲宗國舅하며 劉亦見信하여
身家大昌하니라.

홍기섭이 젊었을 때 말할 수 없이 가난하였는데, 어느 날 아침에 어린 계집종이 기쁜 듯 뛰어와 돈 일곱 냥을 바치며 말하기를, "이것이 솥 안에 있었으니, 쌀이 몇 섬일 수 있고, 나무가 몇 바리일 수 있습니다. 참으로 하늘이 주신 것입니다." 하였다. 공이 놀라 말하기를, "이것이 어찌된 돈인가?" 하고 곧 돈 잃은 사람은 와서 찾아가라는 글을 써서 대문에 붙여 놓고 기다렸다. 얼마 후 유가라는 사람이 찾아와 글 뜻을 묻자, 공은 자세히 그 내용을 말해 주었다. 유가가 말하기를, "이치상 남의 솥 안에 돈을 잃는 일은 없으니, 참으로 하늘이 주신 것입니다. 왜 취하지 않으십니까?" 하였다. 공이 말하기를, "나의 물건이 아닌데 어찌 하겠는가?" 하였다. 유가가 엎드려 말하기를, "소인이 어젯밤에 솥을 훔치러 왔다가 도리어 살림살이가 너무 쓸쓸한 것을 불쌍히 여겨 이것을 놓고 돌아갔습니다. 지금 공의 청렴에 감동하고 양심이 저절로 우러나 도둑질을 아니할 것을 맹세하고, 앞으로는 항상 옆에서 모시기를 원하오니 염려 마시고 취하소서." 하였다. 공이 곧장 돈을 돌려주며 말하기를, "네가 착하게 된 것은 좋으나 이 돈은 취할 수 없다." 하고 끝내 받지 않았다. 뒤에 공은 판서가 되고 그의 아들 재룡은 헌종의 장인이 되었으며, 유가 또한 신임을 얻어 몸과 집안이 크게 번창하였다.

高句麗平原王之女가 幼時에 好啼러니
고구려평원왕지녀 유시 호제

王戲曰 以汝로 將歸愚溫達하리라.
왕희왈 이여 장귀우온달

及長에 欲下嫁于上部高氏한대
급장 욕하가우상부고씨

女以王不可食言이라 하여 固辭하고
여이왕불가식언 고사

終爲溫達之妻하니라.
종위온달지처

蓋溫達이 家貧하여 行乞養母하니 時人이
개온달 가빈 행걸양모 시인

目爲愚溫達也러라.
목위우온달야

一日은 溫達이 自山中으로 負楡皮而來하니
일일 온달 자산중 부유피이래

王女訪見曰 吾乃子之匹也라 하고
왕녀방견왈 오내자지필야

乃賣首飾하여
내매수식

而買田宅器物頗富하고
이매전택기물파부

多養馬以資溫達하여 **終爲顯榮**하니라.
다양마이자온달 종위현영

고구려 평원왕의 딸이 어렸을 때 울기를 좋아하니, 왕이 놀리며 말하기를, "너를 장차 바보 온달에게 시집보내리라." 하였다. (딸이) 자라자 상부 고씨에게 시집을 보내려 하니 딸이 임금은 식언을 해서는 안 된다 하여 굳이 사양하고 마침내 온달의 아내가 되었다. 온달은 집이 가난하여 돌아다니며 빌어다가 어머니를 봉양하니 당시 사람들이 지목하여 바보 온달이라고 한 것이다. 하루는 온달이 산속에서 느릅나무 껍질을 짊어지고 돌아오니, 임금의 딸이 찾아와 보고 말하기를, "저는 바로 그대의 아내입니다." 하고는 머리 장식물을 팔아 밭과 집과 살림살이를 매우 넉넉하게 사들이고, 말을 많이 길러 온달을 도와 마침내 영달하게 되었다.

勸學篇

권학편
(배움을 권하는 글)

朱子曰 勿謂今日不學而有來日하며
주자왈 물위금일불학이유래일

勿謂今年不學而有來年하라.
물위금년불학이유래년

日月逝矣라 歲不我延이니
일월서의   세불아연

嗚呼老矣라 是誰之愆고.
오호노의   시수지건

주자가 말하였다. "오늘 배우지 않고 내일이 있다고 말하지 말며, 금년에 배우지 않고 내년이 있다고 말하지 말라. 해와 달은 가니 세월은 나를 기다려 주지 않는다. 아! 늙었구나. 이 누구의 허물인가?"

少年易老學難成하니
소년이로학난성

一寸光陰不可輕이라
일촌광음불가경

未覺池塘春草夢하여
미각지당춘초몽

階前梧葉已秋聲이라.
계전오엽이추성

소년은 늙기 쉽고 학문은 이루기 어려우니, 짧은 시간이라도 가벼이 여기지 말라. 못가의 봄풀은 꿈에서 아직 깨지 못했는데, 섬돌 앞의 오동나무는 벌써 가을 소리를 내는구나.

陶淵明詩云 盛年은 不重來하고
도연명시운 성년 부중래

一日은 難再晨이니 及時當勉勵하라
일일 난재신 급시당면려

歲月은 不待人이니라.
세월 부대인

도연명의 시에 말하였다. "젊은 시절은 거듭 오지 않고, 하루에는 새벽이 두 번 있기 어려우니, 때에 이르러 마땅히 학문에 힘써라. 세월은 사람을 기다려주지 않는다."

荀子曰 不積蹞步면 無以至千里요
순자왈 부적규보   무이지천리

不積小流면 無以成江河니라.
부적소류   무이성강하

순자가 말하였다. "반걸음을 쌓지 않으면 천 리에 이르지 못할 것이요, 작은 물이 모이지 않으면 강과 바다를 이룰 수 없다."